아이의 자존감을 세워주는

사랑의 언어

아이의 자존감을 세워주는 사랑의 언어

저자 김병태

초판 1쇄 발행 2019. 4. 17.
초판 3쇄 발행 2023. 2. 21.

발행처 도서출판 브니엘
발행인 권혁선

등록번호 서울 제2006-50호
등록일자 2006. 9. 11.

서울특별시 송파구 백제고분로28길 25 B101호 (05590)
마케팅부 02)421-3436
편집부 02)421-3487
팩시밀리 02)421-3438

ISBN 979-11-86092-91-0 03230

독자의견 02)421-3487
이메일 editorkhs@empal.com

북카페 주소 cafe.naver.com/penielpub.cafe
인스타그램 @peniel_books

도서출판 브니엘은 독자들의 책에 관한 아이디어나 원고를 설레는 마음으로 기다리고 있습니다. 책으로 엮기를 원하는 아이디어가 있으신 분은 위의 이메일로 간단한 개요와 취지, 연락처 등을 보내주십시오. 머뭇거리지 말고 문을 두드리세요. 길이 열립니다.

도서출판 브니엘은 갓구운 빵처럼 항상 신선한 책만을 고집합니다.

「 자녀와 부모가 함께 행복해지는 아주 소중한 자녀 양육서 」

아이의 자존감을 세워주는 사랑의 언어

김병태 | 지음

프롤로그

나는 역기능 가정에서 태어났다. 술과 노름에 빠져 가정을 내팽개친 아버지, 자녀 7남매를 먹여 살리기 위해 억척같이 사셨던 어머니. 어머니는 보따리장사를 하고 농사짓느라 온갖 고생을 다하셨다. 그러면서도 아버지에게 두들겨 맞는 게 일쑤였다. “더 이상 도저히 못살겠다”고 보따리를 싸서 산으로 도망가시던 어머님의 모습이 지금도 생생하다. 어린 나이였지만 그때 나는 결심했다. “아버지와 같은 가장과 남편은 되지 않으리라. 이런 가정을 만들지는 않으리라. 좋은 부모가 되리라.” 그 결심대로 아버지, 어머니의 삶을 반면교사로 삼고 살아왔다. 가정도, 부부생활도, 자녀 양육의 길도.

어느 해, 구정 명절 연휴였다. 오랜만에 30대가 된 조카 둘과 형수님을 만났다. 서로 분주하게 살다 보니 같은 서울에 있으면서도 만나는 게 쉽지 않았다. 식사를 하면서 이런저런 얘기를 나누던 중 큰 조카가 말했다.

"삼촌, 고마워요. 저희들이 이렇게 자기 자리에서 잘살게 된 건 다 삼촌 덕분이에요."

그 순간, 나는 눈물이 핑 돌았다. 미안한 마음으로 두 조카에게 말했다.

"아니야. 내가 아이들을 낳아 키우다 보니 너희들에게 미안한 마음이 많이 들었어. 그때는 너희들을 위해서 한다고 했는데, 아빠가 되고 보니 우리 아이들에게 그렇게 하지 못하겠더라. 삼촌이 너희들에게 상처를 많이 준 것 같아 너무 미안하다. 특히 둘째에게는 더 미안하고."

벌써 37~38년 전의 이야기로 돌아간다. 대학을 진학하기 위해 원서를 손에 들고 대구에서 서울로 올라오는 날 새벽이었다. 큰형님이 교통사고로 세상을 떠나셨다. 나는 대학에 들어가면 큰형님 댁에서 머물기로 하였다. 그 뒤 나는 형수님과 두 조카와 더불어 대학시절을 보내게 되었다. 형수님은 집안 경제를 책임지기 위해 동분서주하셨고, 나는 학교공부와 집안 살림, 조카들 양육을 거의 도맡아했다.

나의 아버지는 내가 초등학교 5학년 때 돌아가셨고, 그 뒤 나는 홀로되신 어머님 밑에서 자랐다. 그때 늘 어머님이 말씀하셨다. "애비 없는 호래자식이란 말 듣지 않게 처신을 잘해야 한단다." 어머님의 이 말씀을 늘 마음에 새겼던 터라, 나는 조카들에게 삼촌이 아닌 아빠 역할을 하리라 생각했다. 초등학교 1학년과 유치원생이던 조카들을 위해 찌개와 반찬을 해서 함께 먹고, 공부를 지도해주고, 목욕시키고, 빨래하는 등 일상을 돌봐주었다. 형수님은 보따리 옷 장사를 하느라 낮에 나가면 밤 11~12시가 되어야 돌아오셨다.

사실 작은조카는 말썽도 많이 부렸다. 하라는 공부는 안 하고 친구들과 어울려서 오락실을 들락거리기 일쑤였다. 그러다 보니 나에게 많이 두들겨 맞았다. 지금 생각해보면 분명히 가정폭력이었다. 그러나 그때는 큰형님 대신 내가 그렇게 키워야 한다고 생각했다. 그게 조카들을 위한 삼촌의 사랑이라고 믿었다.

그런데 내가 결혼해서 세 아이를 키우다 보니 그렇게 할 수 없었다. 세 아이를 키우면서 고민이 없었던 건 아니다. 부모가 시키는 대로 다 따라주는 건 아니었다. 더구나 막내딸을 키울 때는 속상한 적이 한두 번이 아니었다. 그래도 조카들을 키울 때처럼 때려본 적은 없었다. 때려놓고도 마음이 더 아파 잘 때면 약을 발라주곤 했다. 하나님 앞에 엎드릴 때마다 눈물을 흘리며 기도하곤 했다.

그런 생각을 하니 조카들에게 너무 미안해서 둘째조카 손을 꼭 잡고 사과했다. 그랬더니 조카가 빙그레 웃으며 말했다.

"전 기억나는 게 없어요."

"그래? 그럼 다행이다. 기억하지 않는 게 좋겠다."

삼촌을 위해 립서비스로 해준 말이겠지 생각하면서도 그렇게 말해주는 조카가 고마웠다.

사실 나의 자녀 양육은 남자조카 두 명을 키울 때부터 시작된 듯하다. 그때는 너무 철부지였고 초보여서 실수투성이였다. 내 나이 스물여덟에 결혼해서 딸, 아들, 딸 세 자녀를 낳아 키웠다. 그런데 자녀를 양육하면서 늘 드는 생각이 있었다. '자녀 양육에는 왕도가 없다.' '마음대로 되지 않는 게 자녀 양육이다.' 사실 부모는 자녀를 키우면서 이것저것 바람도 많지만 부모의 바람대로 자라주지 않는 게 자녀들이다. 그래서 실망할 때도, 속상할 때도 많다.

우리 부부가 생각했던 것보다 더 빨리 태어난 첫째 딸, 맞벌이하던 아내가 일을 그만두면서 경제적인 어려움을 겪어야 했다. 그래도 첫째 아이가 자랄 때에는 큰 어려움은 없었다. 둘째 아들은 기도 응답으로 낳은 아이였다. 태교에도 많은 신경을 써서 그런지 성품이 착한 편이다. 그런데 셋째 딸은 우리 부부의 계획에는 없었다. 더구나 연년생으로 태어난 아이, 그러다 보니 태교부터 휘청거렸다. 세 아이를 데리고 다녀야 했던 아내는 엄청난 스트레스를 받아 알게 모르게 아이들에게 부정적인 영향을 준 것도 사실이다.

아이들이 유치원 때까지는 큰 어려움이 없었다. 그러나 아이들이 사춘기에 들어서자 매일이 전쟁이었다. 나는 새로운 교회에 담임목사로 부임한 터라 교회에 적응하랴, 세 아이를 양육하랴, 더욱이 사춘기를 앓고 있는 아이들과 씨름하랴, 끔찍한 날도 많았다. 큰딸이나 아들도 사춘기를 보냈지만, 특히 막내딸은 여간 힘든 게 아니었다. 그래서 남몰래 흘려야 했던 눈물의 기도도 많았다.

더구나 내 어깨에 중압감을 느끼게 하는 게 있었다. 교인들이 바라보는 시선이었다. 지도자의 자리에 있다 보니 이래도 말, 저래도 말이 될 수 있지 않은가? 게다가 나의 목회관이 나를 더 힘들게 하기도 했다. '우리 부부의 삶이나 자녀 양육이 성도들의 모델이 되어야 한다.' 어떻게 하면 하나님의 말씀의 틀 안에서 자녀를 양육할 수 있을까? 그것이 늘 고민거리였다.

그 가운데 하나가 '하나님 말씀의 설명서를 따라 아이들과 대화를 나누면서 길을 찾는 것' 이었다. 그래서 아이들이 비전을 찾을 수 있도록 끊임없이 대화를 나눴다. 아이들이 하나님과 올바른 관계를 맺을 수 있도록 많은 대화를 나누었다. 때로는 아이들이 정상적인 궤도에서 벗어날 때도 대화로 풀어갔다. 물론 이럴 때 대화를 나눈다는 건 무척 어려운 일이었다. 대화를 거부하는 아이들에게 다가가는 일도 그렇고, 대화의 기술을 습득해가는 일도 그리 만만치 않았다. 더구나 아이들이 그릇된 길을 갈 때 격해지는 감정을 추스르면서 아이들과 대화를 나눈다는 게 결코 쉬운 일이 아니었다.

그러나 아이들을 바로 키울 수 있는 최고의 양육법은 바로 대화였다. 그것도 사랑으로 나누는 대화. 사실 자녀를 사랑한다고 하면서, 대화를 나눈다고 하면서 오히려 그들의 자존심을 상하게 하고, 에너지를 방전시키고, 잠재력과 가능성을 짓밟는 부모들이 얼마나 많은가? 부정적인 말, 불신앙의 말, 은혜롭지 못한 말, 덕을 세우지 못하는 말, 죽이고 허무는 말로 자녀들의 자존감을 무너뜨리는 부모들이 우리 주변에는 너무나 많다.

그러니 어떻게 부모와 자녀가 사랑으로 나누는 대화를 포기할 수 있단 말인가! 끊임없이 고민하고 노력하다 보니 벌써 세 아이는 모두 대학생이 되었다. 프롤로그를 쓰고 있는 오늘도, 오전에 강의를 하고 돌아와 두 딸과 함께 식사하면서 이런저런 대화를 나누었다. 하나님께서 기뻐하시는 아이들로 양육하기 위해서, 이 사회에서 하나님의 왕국을 섬기는 소명을 감당하는 아이들로 세워지기를 갈망하면서.

이 책은 이론서가 아니다. 자녀 교육에 대한 총서도 아니다. 신학적이고 성경적인 깊이를 찾기 위한 책도 아니다. 한 사람의 아버지로서, 한 사람의 목회자로서 걸어온 자녀 양육의 경험을 함께 나누기 위해 썼다. 그러기에 책을 읽다 보면 공감하는 부분도 많을 것이다. 익히 다 아는 이야기 가운데 그렇게 행하지 못하는 자신을 발견할 수도 있다. 그러나 평범한 한 아버지의 자녀 양육기를 통해 자녀 양육에 관한 중요한 통찰력을 얻게 될 것이다. 더욱이 대화에 익숙하지 않은 한국 부모들이 자녀와 사랑의 대화를 나누는 기술을 습득할 수 있을 것이다.

부족한 책이지만 이 책을 이런 분들에게 선물하고 싶다. 자녀들에게 좀 더 성경적인 가치관을 심어주고 싶어 하는 부모들에게, 성경적인 방법으로 자녀를 양육하고 싶어 하는 부모들에게, 더욱이 사춘기를 겪고 있는 자녀를 둔 부모들에게는 꼭 필요한 책이 되리라 확신한다. 왜냐하면 그 시기를 겪은 세 아이를 양육하면서 체득한 지식이니까. 한편 학생들을 양육하는 교회학교 교사들에게도 꼭 권하고 싶다. 부모의 길을 걸어보지 못한 미혼의 교사들에게는 유익한 간접 경험이 되리라 생각한다.

예수님의 마음으로 자녀를 사랑하는
글쓴이 김병태

C·O·N·T·E·N·T·S

차 례

C·O·N·T·E·N·T·S

차 례

C·H·A·P·T·E·R·1

누가 뭐래도, 넌 내게 가장 소중해!

넌 내게 가장 소중해!

부모에게 자녀는 생명처럼 소중한 존재이다. 자녀를 위해서라면 어떤 대가를 지불하는 것도 아깝지 않다. 너무 소중한 존재이기에 그를 위해 불철주야 돈을 버느라 애쓴다. 자기 먹을 것과 입을 것도 양보하고 포기하며 산다. 아이들이 아플 때면 '차라리 내가 이 고통을 당했으면' 하는 마음이 간절하다. 그렇게 할 수 없음을 알면서도. 어쩌면 그들이 죽음의 위기에 처했다면 분명히 불 속이라도 뛰어들 것이다. 그만큼 소중한 존재니까.

어느 금요일 아침, 출근하기 전에 아내와 막내 세린이가 거실에 있었다. 세린이는 소파에서 핸드폰을 만지작거리고, 아내는 아침을 준비하고 있었다. 아내가 나를 보자 말을 건넸다.

"세린이가 아빠 힘 팍팍 나게 맛있는 것 좀 해주라고 하네."

"그래?"

"그래서 내가 '세린이가 엄마 아빠 속 안 썩이고 잘 살아가면 아빠는 힘이 팍팍 난다' 고 했어."

나는 씽긋 한 번 웃고는 말했다.

"우리 막내가 존재한다는 것 자체로도 감사하지."

자녀가 매우 소중한 존재이기는 하지만 많은 부모들이 그걸 잊고 소중하게 대하지 않을 때가 많다. 작은 실수라도 하면 고함치며 윽박지른다. 말을 듣지 않을 때면 속상해서 자기감정을 주체하지 못해 막말을 퍼붓는 이도 적지 않다. 아이들이 기계가 아니라 인격체임에도 자신이 원하는 대로 따라주지 않는다고 속상한 감정을 거침없이 쏟아낸다. 아이의 자존감을 다 짓밟아버리는 것이다. 쑥대밭이 되도록.

나는 세 자녀를 키우면서 "가지 많은 나무에 바람 잘날 없다"는 말을 실감했다. 경제적인 부담, 부모와는 전혀 다른 세계를 살아가는 아이들, 속상한 때가 한두 번이 아니었다. 그들이 가진 생각 때문에, 그들이 꿈꾸는 인생 때문에, 살아가는 생활 습관 때문에. 그렇다고 뭐라고 하면 잔소리를 한단다. 자신들이 인생을 잘못 설계하는 건 생각지도 않으면서.

그래도 그들은 내게 소중한 존재이다. 그들 때문에 울기도 하지만 그들이 있기에 웃을 수 있다. 그들 때문에 마음이 아픈 적도 있지만 그들 때문에 웃을 때도 많았다. 그래서 아이들에게 말한다. "누가 뭐래도, 넌 내게 가장 소중해!"라고.

아이들 때문에 나는 하늘 아버지의 마음을 더 많이 알게 되었다. 하늘 아버지의 자녀로서 점점 더 철이 들어갔다. 아버지의 마음을 조금 이해하는 자녀로. 그래서 하나님의 마음으로 아이들을 양육하려고 애썼다.

네 모습과 상관없이 난 널 사랑해

"엄마, 내 눈은 왜 이렇게 작아?"

사춘기에 접어든 딸은 심각했다. 부쩍 외모에 신경을 곤두세웠다. 거울 앞에 자주 섰고, 옷매무새를 만지작거렸다.

"왜? 누가 뭐랬어?"

"친구들이 눈이 작다고 놀린단 말이야."

"누가 널 놀려? 내가 보기에 넌 최고야!"

"그건 엄마니까 그런 거지. 친구들 눈은 크고 예쁘단 말이야."

"너도 충분히 예뻐. 괜찮아. 자신감을 가져."

"이번 방학 때 눈 수술할 거야."

"그래? 천천히 한 번 생각해보자. 근데 엄마는 네 모습과 상관없이 널 사랑한단다."

"친구도 수술했단 말이야. 수술했는데 예쁘게 됐어."

"그래? 잘됐구나. 그런데 사람에게는 외모보다 더 중요한 게 있단다. 바로 마음이지. 외모 짱보다 더 중요한 건 마음 짱이야. 하나님도 사람들의 외모보다 마음의 중심을 더 중요하게 보시거든."

사춘기 아이들에게 외모는 큰 관심거리다. 외모에 대한 열등감 때문에 코가 석 자나 빠질 때도 있다. 친구들이 던지는 한마디 평가에 주눅이 들기도 한다. 가족들이 무심코 던지는 한마디 말이지만 그 말로 자신을 평가하기도 한다. 아이들은 외모로 자신의 존재 가치를 평가하려고 든다. 그러나 한 사람의 존재 가치를 함부로 평가할 수 있을까? 외모로 모든 것을 평가할 수는 없다.

아이가 가진 지능이나 능력으로도 쉽게 판단해서는 안 된다. 현재의 지능이나 능력도 얼마든지 변한다. 앞으로 얼마든지 계발 가능하다. 아이들이 갖고 있는 잠재력은 부모가 생각하는 것보다 훨씬 더 대단하다.

19세기 심리학자인 윌리엄 제임스는 "보통사람은 뇌의 10%를 사용하는데, 천재는 15~20%를 사용한다"고 말했다. 인류학자 마가렛 미드는 한걸음 더 나아가 그 비율이 10%가 아니라 6%라고 수정하기도 했다. 그러던 것이 1990년대에 와서는 "인간이 두뇌를 단지 1% 이하로 활용하고 있다"고 주장하기도 했다. 최근에는 인간의 두뇌 활용도가 단지 0.1%에 불과하다는 연구결과도 내놓고 있다.

현재는 두뇌에 대한 연구가 뇌 생리학뿐 아니라 잠재력을 계발하는 방향으로 확대되고 있다. 그러기에 잠재적인 두뇌의 가능성에 가장 해로운 말은 "나는 할 수 없어!"라는 말이라고 한다. 현재 가진 자신의 능력을 함부로 평가하지 말라는 뜻이다.

"아빠, 난 머리가 나쁜가 봐!"

"왜 그래?"

"공부한다고 했는데 성적이 잘 안 나오잖아."

"그랬구나. 노력한 것만큼 성적이 나오지 않아서 많이 힘들었나 보구나."

"난 공부할 머리가 아닌가봐."

"근데 넌 머리가 나빠서 그런 게 아니야. 하나님은 너에게 공부 잘할 수 있는 머리를 주셨어. 혹시 공부할 때 집중하지 않아서 그런 건 아닐까? 아니면 인내력이 약했던 건 아닐까? 공부는 머리로 하는 게 아니라 엉덩이로 한다는 말도 있거든."

"성적이 안 나오니까 공부하고 싶은 마음도 안 생겨."

"그렇겠지. 네 말이 맞아. 그런데 사람에게는 다양한 지능지수가 있단다. 어떤 사람은 무용에 재주가 있지. 그런가 하며 또 어떤 사람은 운동에 재주가 있는 사람도 있어. 어떤 사람은 노래나 작곡을 잘하는 사람도 있지 않니? 사람마다 타고난 재능이 달라. 그러니까 꼭 공부만 가지고 자신을 평가하려 해서는 안 되는 거야. 네가 공부를 잘하면 좋겠지만 그렇지 못해도 넌 아빠에게 가장 소중한 존재야."

모든 걸 공부로 평가하려는 시대이다. 공부를 잘하면 효자, 공부를 못하면 불효자. 공부를 잘하면 성공할 사람, 그렇지 못하면 성공과는 거리가 먼 사람. 알고 보면 어른들이 만들어놓은 병든 프레임이 아닌가?

막내가 대학을 진학할 쯤 어느 날이었다. 방에서 아내의 카톡소리가 계속해서 울렸다. 그런데 아내는 카톡을 확인하려 하지도 않았다. 왜? 심기가 편하지 않았기 때문이다. 연신 울려대는 카톡은 대학입학 시험에 합격한 엄마들이 기분 좋아서 서로 주고받는 글들이었다. 그런데 우리 딸은 가군에서 합격하지 못했다. 앞으로 나군과 다군을 기다리고 있는 형편이었다. 더구나 다군은 합격을 한다고 해도 보내고 싶지 않은 학교였다.

시무룩한 아내가 퉁명스럽게 말했다.

"탈퇴해야겠어."

"그래도 그러지 마. 합격한 사람들 입장에서는 당연하지 않겠어? 우리도 합격했으면 함께 가세했을 거 아냐."

아내의 마음을 충분히 이해하고도 남았다. 사실 내 마음도 불편했으니까. 그런데 마음을 달래며 아내에게 말했다.

"마음 편하게 생각하자. 최선을 다해서 뒷바라지 했으니까. 그리고 세린이도 본인이 하고 싶은 것을 해봤으니까. 안 된다고 해도 갈 길이 있겠지."

어찌 됐든 세 아이는 우리 자식이다. 그들이 가진 모습과 상관없이, 그들의 행동과 상관없이, 그들이 만들어놓은 결과와 상관없이.

중요한 건 누가 뭐래도 그들은 나에게 가장 소중한 존재라는 사실이다. 그러기에 쉽게 실망할 수 없다. 함부로 말해서는 더더욱 안 된다.

난 네가 있어서 너무나 든든해

때때로 아이들이 하는 행동이 못마땅할 때가 있다. 기대에 못 미치는 자녀들에 대한 섭섭함 때문이다.

몇몇 아이들이 분주하게 뛰놀고 있다. 엄마를 따라온 아이들이 신나서 집안 이곳저곳을 뛰어다닌다. 그 모습을 보던 한 엄마가 말했다.

"애들아, 정신 사나우니까 좀 조용히 해."

"관두세요. 아이들이 모이면 다 그런 거지요."

집안을 온통 어수선하게 만드는 게 기분 좋은 일은 아니지만 어쩌랴. 그런 어른들의 마음은 아랑곳하지 않고 아이들은 정신없이 뛰어놀고 있다.

"쾅!"

뛰어놀던 아이들이 비싼 화분을 떨어뜨렸다. 그 순간, 한 엄마가 소리쳤다.

"넌 왜 하는 일마다 그래!"

사실 하는 일마다 그런 건 아니다. 한두 번의 실수에 대한 부모의 과민반응일 뿐이다. 속상한 마음의 과장된 감정표현일 뿐이다. 속이 편치 않은 상황이니까 그렇게 표현하는 것이다.

덜렁대는 아이들은 사고를 치기 일쑤다. 소중한 것을 잃어버리기도 하고 깨뜨리기도 한다. 생각하지 않은 의외의 행동으로 문제를 일으키기도 한다. 그럴 때마다 속상하다. 어른 수준에서 보면 '왜 저리지' 하는 한심한 생각이 든다. 때로는 꼴도 보기 싫은 감정마저 일어난다. 더구나 기대가 크면 클수록 더 그렇다. 예상하지 못한 행동에 실망하기도 한다.

그러나 생각해보라. 그들은 그들의 행동에 상관없이 소중한 존재이다. 나는 한 사건을 통해 아이들이 나에게 얼마나 소중한지 경험한 적이 있다.

오래 전에 장례를 집례하기 위해 성남화장식장을 갔다. 순서를 기다리고 있는 중이었다. 그런데 한쪽에서 자지러지는 여성의 울음소리가 들렸다. 장례식장이 다 그렇긴 하지만 그때 들린 울음소리는 달랐다. 평범한 슬픔이 아니었다.

궁금해서 가까이 다가갔다. 둘러선 사람들은 모두 눈물을 닦았다. 나는 영정사진을 보았다. 그런데 이게 웬일인가? 순간 나도 놀랐다. 중학교 1, 2학년 쯤 되어 보이는 남학생이었다. 앳된 얼굴이지만 덩치는 컸다. 듬직하게 잘 생긴 얼굴이었다.

'어떻게 저런 일이….'

자지러지게 울던 여성의 심정이 충분히 이해될 법했다. 그 슬픔과 아픔을 어찌 감출 수 있단 말인가? 나는 너무나 궁금해서 주변사람들에게 물었다.

“왜 어린 학생이 이런 일을 당했습니까? 아주 건강하게 생겼는데….”

“아파트에서 킥보드를 타다가 차와 부딪혔대요.”

“아, 그랬군요. 부모님이 얼마나 속상하고 마음이 아팠을까요? 참 안 됐네요.”

그날 밤 나는 집에 돌아와서 아이들의 방으로 갔다. 잠자고 있는 아이들의 얼굴을 한 번 쳐다보고 손으로 쓰다듬었다. 그렇게 소중할 수가 없었다. 그렇게 예쁠 수가 없었다. 누워 있는 세 아이가 그렇게 든든할 수가 없었다.

아이들에게 무슨 일이 생길 때에야 비로소 깨닫는다. 그들의 존재 자체가 의미 있음을, 내 곁에 있는 그들이 소중함을. 때때로 문제를 일으켜도, 속을 뒤집어 놓는 행동을 저질러도, 그래도 곁에 있다는 게 얼마나 행복한지. 얼굴을 볼 수 있다는 게 얼마나 감사한지.

아들이 어린 시절이었다. 주일 예배를 드리고 있는 중이었다. 누군가 아내 곁으로 다가와서 귓속말을 했다.

“사모님, 형규가 다쳐서 병원으로 가야 할 것 같아요.”

나가 보니 아이의 턱에서 피가 흐르고 있었다. 아이는 잔뜩 겁에 질려 있었다.

"형규야, 괜찮아. 걱정하지 마. 치료하면 돼. 아프지? 조금만 참아!"

장애를 가진 교인이 예배당으로 들어올 수 있도록 만든 계단이 있었다. 아이들 몇 명이 그곳에서 자전거를 타고 오르락내리락 놀고 있었다. 그런데 아들이 막 자전거를 타고 내려오는데, 다른 친구가 밀어서 넘어진 게다.

아내는 형규를 급하게 병원으로 옮겼다. 마취를 하고 수술에 들어가야 했다. 그런데 마취가 잘되지 않았다. 아들이 너무 겁에 질려서 마취효과가 나지 않았던 것이다. 안 되겠다 싶었는지 아내가 나에게 연락했다.

"아무래도 당신이 와야겠어요. 형규가 겁에 질려서 마취가 되지 않아요."

병원으로 달려갔다. 응급실에 있는 형규는 공포에 질려 있었다.

"형규야, 아빠야. 많이 아프지? 괜찮아. 아빠가 손을 잡고 있을 테니까 겁낼 것 없어."

잠시 후 마취에 성공했다. 그리고 수술을 무사히 마쳤다. 난 마취에서 깨어난 아들의 손을 잡고 말했다.

"형규야, 고생 많았어. 아빠는 네가 있어서 얼마나 든든한지 몰라. 앞으로 다치지 않게 조심하자. 네가 건강해야 아빠가 든든하지."

아이들이 하는 못마땅한 행동에 그렇게 민감하게 반응할 필요는 없다. 아이들은 아이들이니까. 어른들도 해서는 안 될 행동을 서슴지 않고 행하는 사람들이 많지 않은가? 개념 있는 행동만 한다면 그게 어른이지 아이라고 할 수 있겠는가? 때때로 부모가 원하지 않는 행동을 할지라도 여전히 아이들은 부모에게 가장 소중한 존재이다.

아무리 시간이 없어도 너한테는 내줘야지

파김치가 되어 집으로 퇴근한 아빠, 그의 어깨는 축 쳐져 있었다. 그런데 아빠가 오기를 기다리던 아이가 아빠에게 파고들었다.

"아빠, 나랑 같이 놀아줘!"

놀아줘야 한다는 건 알지만 아빠의 몸이 따라주지 않았다. 아니, 마음이 따라주지 않았다. 직장에서 스트레스를 받는 일이 많았기에.

"아빠가 지금은 힘들어. 나중에 놀아줄게."

"언제? 전에도 나중에 놀아준다고 했잖아."

"나중에 놀아줄게. 약속하자."

아빠는 아이와 손가락을 걸고 굳게 약속했다. 그러나 그 다음날은 무슨 일이 생기지 않겠는가?

아빠는 피곤하다. 바빠서 시간이 없다. 직장에서 못다 한 일마저 집으로 가져오니 가족과 함께할 시간이 없을 수밖에 없다.

어느덧 세월이 흘러 아버지가 노인이 되었다. 이제 오갈 데도 없다. 그러니 자식이 돌아오기만을 기다릴 수밖에. 아들이 들어서자 너무나 기뻐서 반기며 말했다.

"이제 오냐? 고생 많았지."

"예~ 저, 들어가서 좀 쉴게요. 피곤해서요."

아버지는 집으로 돌아온 아들과 함께 이런저런 이야기를 나누고 싶었다. 그러나 아들은 시간이 없다는 핑계로, 피곤하다는 핑계로 아버지와 함께하는 시간을 기피했다. 어릴 때 받은 상처를 돌려주는 셈 아닌가?

미국에서 두 명의 초등학생을 키우던 한인 부모가 있었다. 몇 년 전부터 남편의 사업이 크게 확장되자 아내도 풀타임으로 일하게 되었다. 남편은 사업상 외국 출장이 잦았다. 아내 역시 출장이 빈번했다. 그런데 고민이 생겼다. 아이들의 양육에 대한 문제였다. 막상 아이들을 맡기려니 마땅히 돌봐줄 사람이 없었다. 그래서 방법을 강구해봤다. '아이들을 한국으로 보내서 몇 년간 친정 부모님께 맡기면서 외국인 학교에 보낼까?'

"좋은 아버지가 되려면 어떻게 해야 하나?" 어느 기관이 조사한 자료에 의하면 아버지들은 '생계를 책임지는 것'을 아버지의 첫 번째 역할로 인식하고 있었다(18.9%). 그런데 자녀들은 달랐다. 그들은 '가족과 함께 지내기'를 일순위로 꼽았다(37.2%). 아버지들에게 '가족과 함께 지내기'는 '생계 책임'(26.3%), '가정교육'(19.2%)에 밀려 3위에 그쳤다. 제 역할을 하는 아버지가 되려면 일단 돈을 벌어야 한다는 게 아버지들의 공통된 생각이었다. 아버지들은 '돈'을,

아이들은 '시간'을 첫 번째 조건으로 꼽았다. 자녀가 바라는 아버지와 아버지 본인이 목표로 삼는 아버지상 사이에 괴리가 크다는 증거이다. 아버지는 환경적인 조건이 중요하다고 생각한다. 그런데 자녀들은 정서적인 유대감을 원하고 있다

주말이 되었다. 오랜만에 집에 있는 시간이니 아빠에게는 황금 같은 시간이었다. 좀 쉬고 싶은 마음, 늑장을 부리고 싶은 마음. 그래서 침대 위에서 뒹굴고 있었다. 그런데 아이는 일찌감치 일어나서 아빠 주변을 맴돌았다.

"아빠, 빨리 일어나세요!"

"지금 몇 시야?"

"10시란 말이에요!"

"그래? 조금만 있다가 일어날게."

"싫어! 지난번에 대공원 간다고 약속했잖아!"

"아빠가 피곤하단 말이야. 조금만 기다려줘."

오랜만에 쉬는 날, 그를 기다리는 사람이 많다. 평소 직장을 다니느라 집안일을 미뤄둔 아내는 남편이 집안일을 함께 도와주기를 기다리고 있다. 아이들은 자기들과 함께 놀아주기를 바라고 있다. 그런데 아빠는 오랜만에 쉬고 싶다. 게으름을 좀 부리고 싶다. 텔레비전 리모컨을 잡고 채널을 이리저리 돌려보고 싶다. 그런데 시간을 내달라고 손을 벌리고 있으니 불쌍한 아빠가 아닌가?

자식을 위해 시간을 내주는 일은 무한하지 않다. 어느 때쯤이면

"아빠랑 함께 놀자"라고 하면 "싫어요. 난 다른 할 일이 있어요. 엄마랑 하세요"라고 거절할 때가 다가온다. 사춘기가 되면 이미 아이들은 자기만의 시간과 세계를 주장한다. 그러기에 허락되는 때에 자녀와 함께하는 시간을 갖는 게 중요하다.

시간은 사랑의 표현이다. 시간을 내주지 않는다는 것은 상대방에게 애정이 없다는 사인을 보내는 것과 다름없다. 돈으로 시간을 대신하려고 해서는 안 된다. 아이들을 위한 재정적인 투자는 재정적인 투자일 뿐이다. 부모가 공급해주어야 할 시간을 돈으로 대치하려 해서는 안 된다.

아이들은 부모와 함께하는 시간을 통해 정서적인 안정감을 얻는다. 아이들이 어린 시기에는 돈보다 시간을 함께 해주는 일이 더 중요하다. 시간을 함께하지 못하면 아이들은 버려졌다는 느낌을 받게 된다. 아이들은 부모의 형편을 다 고려해주지 않는다. 있는 현실 그대로 해석할 뿐이다.

아이들에게 시간을 내줄 때 아이들은 자신이 가치 있는 존재임을 느끼게 된다. 시간이 부족할 정도로 바쁘게 살아가는 부모일수록 지혜를 발휘할 필요가 있다. 시간의 양도 중요하지만 시간의 질을 활용하는 것 또한 중요하다. 짧은 시간에 질을 높이는 온전한 지혜가 필요하다.

네가 하고 싶은 걸 하면서 살아보렴

어느 날 아내가 나에게 말했다.

"여보, 세린이가 무용을 하고 싶다고 하는데?"

"돈은 어떻게 감당하고? 그리고 목사 자녀가 무용하는 건…."

나는 아내에게 난색을 표했다. 그런데 아이는 이미 초등학교 5학년 때 학교에서 개최하는 댄스대회에서 입상을 했다. 더 큰 대회에 출전하기도 했다. 나는 걱정부터 앞섰다. '목사 딸이 댄스라니?' 사실 아이는 텔레비전에 나오는 백댄서가 좋아보였던 모양이다. 화려함 뒤에 숨은 고달픔을 알지 못하는 건 당연한 일.

그 후 몇 차례 대화를 나누었다. 결국 내가 꺾일 수밖에 없었다. 세린이는 공부할 체질은 아닌 것 같았다. 공부와는 담을 쌓은 아이니까.

어느 월요일, 아내와 나는 결국 아이를 데리고 무용학원을 찾아 나섰다. 학원으로 올라가면서 딸아이와 약속했다.

"발레를 배우도록 하자!"

발레는 좀 고상해 보였기에 목사 딸로서도 괜찮게 느껴졌다.

나는 학원 원장님과 상담하면서 당부했다.

"원장님, 저는 목사에요. 아이가 하고 싶어서 허락은 하지만 사실은 그렇게 흔쾌하지는 않아요. 대신 아이가 발레 쪽으로 했으면 좋겠어요."

결국 아이는 중학교 1학년 때부터 무용을 하기 시작했다. 대회에 나가서 입상을 하는 것을 보니 딸아이에게는 발레보다는 현대무용이 적격일 것 같아 현대무용으로 방향을 수정했다. 그렇게 해서 결국 예술고등학교를 진학하게 되었고, 지금은 말레이시아에서 활동하고 있다.

부모는 아이들이 가진 재능과 재주를 발견해서 그것을 최대한 발휘할 수 있도록 계발해주는 후원자이다. 그러나 사실 그게 말처럼 그렇게 잘되지 않는다. 부모가 정해 놓은 목표가 있기 때문에.

많은 부모들이 자신이 하지 못한 공부의 한을 풀려고 한다. 자식으로부터 대리만족을 얻으려는 보상심리를 갖고 있다. 그러다 보니 자녀들이 하고 싶은 일이나 그들이 살고 싶은 삶에 집중하지 않는다. 그들이 가진 재능이나 성격과는 상관없이 부모가 바라는 목표를 이루기 위한 도구로 생각하기 일쑤다.

그러니 아이들과 자주 충돌한다. 그럴 때마다 아이들은 말한다.

"난 내가 하고 싶은 걸 하면서 살고 싶어요!"

그러나 세상을 살아본 부모, 이미 후회를 경험한 부모로서는 걱정이 앞선다. 더 좋아 보이는 인생길이 보인다. 그래서 아이들에게 말한다.

"아빠는 너보다 세상을 더 살아본 인생 선배야. 그 길을 가면 후회하기 십상이야."

결국 아이들은 자신의 인생이 아니라 부모의 인생 대리자로 만들어져 간다. 자신들이 좋아하는 일을 하며 사는 게 아니라 부모가 바라는 일을 하며 살아가게 된다. 부모의 모조품에 불과한 인생으로.

어느 성도의 가정에 고등학교 진학을 앞둔 딸이 있었다. 어느 날, 딸이 부모님에게 말했다.

"엄마 아빠, 난 특성화 고등학교에 갈래요."

딸은 자신이 꿈꾸는 인생이 있기에 그 일을 할 수 있는 학교에 가려는 것이다. 그런데 딸의 통보는 부모에게는 생각지도 못한 말이었다. 순간 속상했다. 자신들이 하지 못한 공부를 딸을 통해 대리만족을 얻고 싶었다. 자식을 통해 공부에 대한 한을 풀고 싶었다.

"그래도 인문계를 갔으면 좋겠다. 그 길을 가면 나중에 후회하게 돼."

그런데 딸은 실업계를 가겠다고 고집하며 말했다.

"그래도 내가 하고 싶은 일을 하면서 사는 게 행복한 거 아니에요?"

부모가 왜 모르겠는가? 그러나 자신들의 경험에 비추어볼 때 후회할 것 같은 예감이 들어서 말했다.

"그런데 세월이 흐르면 대학에 안 간 걸 후회할 거야."

부모는 둘 다 가정 형편 때문에 공부를 제대로 하지 못했다. 고등학교 졸업 후 기술을 배워 블루칼라로 여태껏 살았다. 고생이 이만저만이 아니었다. 그래서 아이들만은 꼭 대학에 보내고 싶었다. 다행히 딸아이는 공부를 잘하는 편이었다. 결국 양쪽은 팽팽하게 줄

다리기 싸움을 시작했다. 며칠간 가정에는 긴장감이 맴돌았다.

그러던 어느 날, 나는 그 집으로 이사 심방을 가게 되었다. 그때 그들이 겪고 있는 갈등을 듣고서, 나는 모든 가족이 앉은 자리에서 이런 이야기를 해주었다.

"앞으로 어떤 결과가 나올지는 아무도 모릅니다. 어떤 결론을 내려도 후회할 수 있는 가능성은 존재합니다. 그러나 딸이 하고 싶은 일을 선택한다면 후회는 조금 더 줄어들 수 있지 않을까요? 더구나 대학 진학과 졸업 후 경쟁이 그리 만만치 않다는 점을 생각한다면 오히려 그 편이 훨씬 더 나은 선택일 수도 있지 않을까요?"

부모는 자녀의 장래를 내다보며 코칭을 해주어야 한다. 아이들이 보지 못하는 세계를 부모들은 볼 수 있으니까. 자녀들의 장래를 생각하며 서로 대화를 나누어야 한다. 그런데 그게 갈등이 될 수 있다. 생각하는 세계가 다르니까. 꿈꾸는 세계가 다르니까. 중요한 건 아이들의 세계를 인정해주는 일이다. 그 세계를 인정하고 묵묵히 응원해주는 일이다.

"네가 하고 싶은 걸 하면서 살아보렴!"

C·H·A·P·T·E·R·2

그래도 난 널 사랑해!

난 널 사랑해!

시인 하만스타인은 노래했다. “울리지 않는 종은 종이 아니고, 부르지 않는 노래는 노래가 아니며, 표현하지 않는 사랑은 사랑이 아니다.” 자녀들이 부모로부터 받아야 할 가장 귀한 선물 중에 하나는 ‘표현된 사랑’ 이다. 부모라면 처한 환경을 초월해서 자녀들이 사랑받고 있다는 느낌을 주어야 한다. 말이나 행동으로 사랑을 표현해 주어야 한다.

사랑받지 못한 자녀는 정서적인 안정감을 가질 수 없다. 부모의 사랑을 충분히 경험한 아이들이 자아를 존중하며 올바르게 성장한다. 그런데도 많은 부모들이 사랑스러운 자녀들에게 사랑을 제대로 표현하지 못한다.

미국 UCLA 연구팀의 보고는 놀랍다. 부모의 방치와 학대 속에 자란 아이와 일반적인 환경에서 자란 아이의 뇌 스캔 사진을 비교했다. 그 결과 부모의 보살핌 속에서 자란 아이의 뇌는 크고 잘 발달된 상태였다. 하지만 그렇지 않은 아이의 뇌는 검고 작은 모습을 하고 있었다. 연구를 통해 알렌쇼어 교수는 이렇게 주장했다. "부모의 보살핌과 뇌 발달은 아이가 태어난 직후부터 2년간 큰 연관성이 있다. 생후 2년 동안 보살핌을 제대로 받지 못하면 뇌 발달이 근본적으로 저하될 수 있다."

어느 부모가 자녀를 사랑하지 않을 수 있겠는가? 그러나 왜곡된 사랑을 주는 부모들도 적지 않다. 부모라면 아이들에게 꼭 필요한 올바른 사랑을 선물로 주도록 노력해야 한다.

난 네가 세상에서 가장 사랑스러워

큰딸 혜린이가 어릴 때다. 함께 텔레비전을 보는데 딸아이가 물었다.

"아빠, 저 배우 정말 예쁘지?"

"딸, 아빠는 네가 세상에서 제일 예쁘더라."

"아빠니까 그렇지."

"아니야. 객관적으로 봐도 넌 너무 예뻐."

"다른 사람들은 그렇게 생각하지 않는단 말이야."

"그래도 어떡해. 아빠는 네가 최고로 예쁘고 사랑스러운데."

물론 나도 알고, 아이도 다 아는 사실이다. 우리 아이가 세상에서 제일 예쁜 건 아님을. 그래도 아빠의 말이 아이는 좋은 모양이다. 행복한 웃음을 짓는다.

세상에 자신을 사랑한다는데 싫어할 사람은 없다. 자신이 예쁘다고 하는데 기분 나빠 할 사람도 없다. 더구나 여자들은 더욱더 그렇다. 그러기에 아이들에게 자주 말로써 마음에 담긴 사랑을 마음껏 표현해주는 게 좋다. 다소 과장된 표현일지 몰라도 아이의 자존감을 살려주는 데 매우 소중한 말이라면.

사랑은 감추어 두어서는 안 될 보물이다. 다른 사람들에게 보여주면서 자랑하면 자랑할수록 좋은 보물이다. 사랑의 보물을 갖고 있으면서도 자녀들에게 주지 않는 부모가 많다. 아이들에게 욕을 하고 폭력을 가해서 마음에 깊은 상처를 입힌다. 잔인한 말로 자녀들에게 아픔을 주어 정서적인 밭을 마구 짓밟아 놓는다.

오래전 대구에서 사역할 때의 일이다. 우리 집 골목에 살던 여자아이가 있었다. 어느 날 엄마와 함께 시장을 갔던 모양이다. 시장에서 아이가 좀 떼를 쓴 것 같다. 엄마는 화가 나서 집으로 돌아오고 있었다. 화난 엄마는 아이를 때리고, 입에 담아서는 안 될 욕을 퍼부었다. 내가 민망할 정도였다. 나는 기가 막혀서 혼잣말을 했다. "세상에 엄마란 사람이 자기 자녀에게 어떻게 저런 욕설을 퍼부을 수 있지?" 나는 유아 세례를 받기 위해 문답을 하는 부모들에게 당부한다. 심지어 온 성도들이 증인으로 보는 앞에서 서약을 하기도 한다. "절대로 자식에게 욕설이나 저주를 퍼부어서는 안 됩니다."

아이들은 철이 없다 보니 철부지 행동을 자주한다. 철든 부모 입장에서 보면 이해가 되지 않는다. 예전에 자신도 그렇게 했으면서 자녀들이 하는 철부지 행동은 용납하기 힘든가 보다. 그래서 주의를 준다. 주의를 준다고 고쳐지면 아이라고 할 수 있겠는가? 대부분 교정되지 않는다. 또다시 철부지 행동을 한다. 이제 경고를 준다. "한 번만 더 그렇게 하면 가만히 두지 않을 거야!"

그러나 역시 아이는 또다시 철부지 행동을 한다. 부모 입장에서는 감정이 상한다. 마치 부모를 무시한다고 생각하는 것 같다. 하지만 아이는 부모를 무시한 게 아니다. 단지 자신의 행동을 교정할 정도로 충분한 판단력이 서지 않았을 뿐이다. 그만한 의지적인 결단력이 형성되지 않은 것뿐이다.

그런데 부모들은 확대해석한다. 자그마한 게 자신을 무시한다고, 벌써부터 부모 말을 듣지 않는다고, 말귀를 못 알아듣는다고. 그래서 화를 낸다. 감정을 추스르지 못하다 보면 입에서 거친 말들을 쏟아낸다. 아이들은 주눅이 든다. 거칠어지는 부모의 말과 행동에 아이들은 공포감을 느낀다. 이런 부모로부터 어떤 정서적인 친밀감을 느낄 수 있겠는가?

언제부턴가 부모의 눈치를 살피기 시작한다. 부모가 없는 것을 더 평안하고 자유롭게 생각한다. 그래서 부모가 있을 때는 집에 들어오지 않고 밖으로 배회한다. 대신 부모가 없는 시간을 골라서 집에 들어온다.

이런 관계가 되지 않도록 하려면 아이들에게 사랑의 감정을 전달할 수 있는 말을 자주 해야 한다. 아이들은 부모의 말에 의해 사랑받고 있다는 감정을 전달받는다. 아이들이 사랑을 느낄 수 있는 온유하고 부드럽고 친절한 말을 해주어야 한다. 사랑을 표현해줄 수 있는 따뜻한 말을 자주 들려주어야 한다. 그래야 정서적인 친밀감을 느끼고 안정감을 찾는다.

나는 서슴지 않고 아이들에게 "사랑한다"고 말해주곤 한다. 이렇게 좋은 말을 왜 아끼는지 모르겠다. 듣고 또 들어도 싫지 않은 말 아닌가? 헤플수록 좋은 말 아닌가? 사랑한다는 말을 아끼는 부모는 자식의 정서를 메마르게 한다.

큰딸 혜린이가 중학생 시절이었다. 시험을 쳤는데 성적이 제대로 나오지 않았다. 나는 딸아이에게 말했다.

"혜린아, 다음에는 열심히 준비해서 성적을 좀 관리하자."

그런데 다음 시험도 만족하지 못했다. 저녁에 퇴근해서 혜린이에게 말했다.

"혜린아, 아빠랑 얘기 좀 하자."

혜린이와 나는 방으로 들어갔다. 아이는 이미 주눅 들어 있었다. 아니, 두려웠을 게다.

"혜린아, 지난번에 아빠랑 약속했잖아. 이번에는 열심히 노력하기로. 그런데 아빠가 봤을 때 넌 열심히 노력하지 않았어. 열심히 노력했는데 성적이 잘 안 나온 건 문제가 안 돼. 그런데 너는 그렇게 노력하지 않았잖아."

아이는 미안해서 아무 말도 하지 않았다. 그저 고개만 푹 숙이고 있을 뿐이었다.

"혜린아, 네가 공부를 잘하든 못하든 아빠에게 넌 매우 소중한 딸이야. 아빠는 널 사랑해. 그런데 열심히 공부해서 스스로에게 부끄럽지 않은 딸이 되었으면 좋겠어."

그 말을 들은 혜린이는 흐느껴 울기 시작했다. 나는 혜린이를 꼭 안고 축복기도를 해주었다.

부모가 보기에 만족하지 못한 행동을 했을지라도 사랑한다는 말을 해주면 어떨까? 부모가 기뻐할 행동을 하면 좋겠지만 아직까지 역시 철부지 아이가 아닌가? 실수하면서 자라는 법이니까. 실수를 하더라도 사랑한다고 말해주면 어떨까? 화를 돋우는 일을 저지를지라도 사랑한다고 말해주면 안 될까? 그런 부모를 등 떠밀지는 않을텐데.

널 안고 있으면 세상을 다 품은 것 같아

사랑한다는 말 못지않게 중요한 사랑의 표현이 있다. 바로 허깅

(hugging)이다. 부모는 아이들에게 따뜻하고 포근한 포옹을 자주 해주어야 한다. 부모가 자녀를 따뜻하게 안아줄 때 아이들은 정서적인 안정감과 행복감을 느낀다. 그래서 "스킨십은 말보다 강하다"는 말이 있지 않은가! 육체적인 접촉을 모르고 자란 아이는 정서가 메마른다. 그러나 자주 안아주고 입맞춤을 해준 아이들은 훨씬 더 건강하게 자란다.

제2차 세계대전 때 이탈리아에서 있었던 이야기다. 전쟁으로 인해 수많은 고아들이 발생했다. 한 복지시설에서 전쟁고아들을 집단으로 수용하게 되었다. 그곳은 다른 복지시설에 비해 결코 뒤쳐지지 않을 정도로 환경이 좋았고, 맛있는 음식도 제공되었다. 그런데 아이들의 사망률은 유독 높았다. 도대체 이유가 무엇이었을까? 당시에는 그 이유를 정확히 밝혀내지 못했다. 그러다가 1970년대에 와서야 그 비밀이 밝혀졌다. "부모의 품에 안기지 못하고 자란 아이들은 뇌에 손상을 입기 쉽고, 호르몬 불균형 등으로 면역력이 저하되어 건강이 나빠질 수 있다."

부모의 따뜻한 품은 아이들에게 감성을 길러준다. 가장 탁월한 심리적인 안정제는 바로 따뜻한 품이다. 세상에서 가장 행복한 모습은 아마 부모의 품에 안긴 아이일 것이다. 부모의 품에 안겨 있을 때 아이들은 평안함을 느끼고 부족함을 모른다. 그래서 부모의 품은 가장 아늑한 안식처이자 피난처일 것이다.

나는 둘째인 형규를 바라볼 때면 팔을 벌리면서 말한다.

"아들, 아빠 품으로 와!"

아들을 품에 안고 있는 그 순간, 나는 세상을 다 얻은 것처럼 든든하다. 행복하다.

"아들, 너를 품고 있으니 세상을 다 얻은 것처럼 든든해."

아빠 품 안에 있는 아들은 쑥스러우면서도 행복해한다. 그것이 아들의 마음에 따뜻한 감성을 저축해주는 것이리라.

딸들은 아빠의 안아줌을 통해 여성성을 키워나간다고 한다. 아들은 아빠의 안아줌을 통해 남성성을 키워나간다고 한다. 여성다운 딸로 키우기를 원하는가? 남성다운 아들이 되기를 원하는가? 그렇다면 포옹을 아끼지 말아야 한다.

어떤 이는 말할지도 모른다. "나는 잔정이 없는 사람이야. 천성적으로 그렇게 자상하지 못해." 천성적으로 잔정이 없다고? 자식의 마음 밭을 망칠 수 있는데도 그렇게 말할 것인가? 자녀의 정서 창고에 보물을 담아줄 수 있는데도 그렇게 말해야 하는가? 자녀를 행복하게 해줄 수 있다고 하는데 천성을 탓하고 있을 것인가?

사람은 얼마든지 변할 수 있다. 또 필요하다면 변해야 한다. 그리고 얼마든지 훈련할 수 있다. 자그마한 노력만 기울여도 얼마든지 계발할 수 있다. 주저하지 말고 사랑을 표현해보라. 나도 경상도 사람이다. 그러나 사랑을 표현하는 데 익숙해졌다. "난 경상도 남자라서"라는 어설픈 핑계를 둘러대지 마라. 천하와도 바꿀 수 없는 소중한 자녀들을 위한 일이니까.

어릴 때 사랑을 받지 못한 자녀는 어른이 되어서도 사랑을 표현할 줄 모르는 경우가 많다. 배우자에게 사랑을 표현하는 게 어색하다. 심지어 자녀에게도 사랑을 표현할 줄 모르는 부모가 된다. 사랑을 받아본 사람만이 사랑할 수 있다. 사랑을 표현하는 것을 어릴 적부터 자연스럽게 습관화되도록 양육해야 한다. 그것이 가장 큰 가정교육이다.

나는 집에서 아이들이 보는 데서 자주 아내를 허깅한다. 물론 아내에 대한 사랑의 표현이기도 하다. 아내를 위한 남편의 배려, 또한 남편에 대한 신뢰감을 주기 위함이기도 하다. 목회를 하면서 부부간의 신뢰는 너무나 중요한 일이니까.

그런데 내가 아내를 허깅하는 데는 더 큰 의미가 담겨 있다. 엄마 아빠가 친밀한 사랑을 갖고 살아가는 것을 보면서 아이들도 그렇게 살아가기를 바라는 마음에서다. 아이들은 본 대로 살아갈 테니까. 경험한 만큼 살 테니까.

어느 때부턴가 두 딸을 안아주려고 하면 아이들은 몸을 움츠린다. 이제 딸들은 다 컸으니 마음대로 안을 수도 없다. 그래도 아빠가 안아주려고 하는 제스처 자체가 그들에게는 든든한 심리적인 자원이 된다.

예수님도 아이들을 안아주셨다. 아이들을 축복해주셨다. 아이들이 예수님의 사역에 방해된다고 제자들이 귀찮아할 때도 예수님은 도리어 제자들을 책망하셨다. 그리고 언제 어디서든지 자신에게 오는 아이들을 막지 말라고 당부하셨다. 그것이 예수님의 마음이다. 아이들은 예수님의 품 안에서 최고의 포근함을 경험했을 것이다. 인생 최대의 행복을 경험했을 것이다. 하나님의 품에 안긴 인간의 모습이 거기에 담겨 있다.

부모의 따뜻한 품은 자녀가 경험할 수 있는 최고의 정서적 보고(寶庫)이다. 아버지 학교에서 가장 많은 훈련을 하는 게 바로 포옹이다. 꽉 껴안은 스태프들끼리 나누는 포옹이 그렇게 행복할 수 없다. 거기서 서로의 사랑을 느낀다. 신뢰를 주고받는다. 동질성을 경험한다. 일체감을 주고받는다. 그게 섬기고 봉사하는 에너지의 보고(寶庫)이다.

널 사랑하니까 그렇지

어느 해 큰딸의 생일이 다가오고 있었다. 아이는 며칠 전부터 관심이 크다. 친구들을 초청하기 위해 초대장도 만들었다. 아이가 엄마에게 달려와서 말했다.

"엄마, 이번 생일에 친구들을 데려와도 돼?"

"그래. 엄마가 맛있는 걸 해줄게."

"근데 누구누구 데려오지?"

"네가 데려오고 싶은 대로 데려와. 엄마가 알아서 해줄게."

"많이 데려와도 돼?"

"그럼. 데려오고 싶은 아이들은 모두 데리고 와."

"왜 그렇게 많이 오라고 하는 거야?"

"엄마가 널 그만큼 사랑하니까 그렇지."

"야~ 신난다~"

초등학교 시절에 친구들을 불러서 생일파티를 해주는 건 아이에게 대단한 사랑의 표현이다. 아이의 체면을 세워주는 일이다. 아이에게는 자기과시를 할 기회이다. 친구들에게 엄마의 음식 솜씨를 자랑하는 일이기도 하다. 그때 부스스한 얼굴이나 단정하지 못한 옷차림으로 있어서는 안 된다. 아이들에게 엄마의 모습은 굉장히 중요하다. 아이의 체면을 세워주기 위해 최고로 아름답게 꾸며야 한다. 멋진 엄마는 아이의 프라이드이기 때문이다.

새벽기도 시간에 이런저런 기도제목이 많다. 하나님과 나누는 교제시간이 즐겁다. 하늘 아버지와 나누는 개인적인 사랑의 밀어(密語)이다. 그때 하나님의 마음을 읽는다. 하나님이 주시는 수많은 메시지를 받는다. 그런데 새벽기도 시간은 자녀들을 향한 사랑의 표현이기도 하다. 왜냐고? 내가 줄 수 있는 최고의 사랑이 바로 기도이니까. 내가 해줄 수 없는 것을 하늘 아버지께 부탁하는 일이니까. 그래서 자녀를 사랑하는 부모들에게 당부하고 싶다. 당신의 사랑을 새벽기도로 증명하길. 내가 해줄 수 없는 것들을 하늘 아버지께서 다 해주실 것이다.

나는 새벽기도를 마치고 집으로 돌아와서 아이들의 머리 위에 손을 얹고 축복기도를 해주곤 한다. 아버지 학교에서 하는 훈련이 바로 자녀들을 위한 아버지의 축복기도이다. 처음에는 어색하지만 너무나 가치 있는 일이다. 당신 안에만 감추어둔 사랑이 아니라 축복기도로 당신 안에 있는 사랑을 자녀들에게 보여주어야 한다. 부모의 축복기도를 통해 아이들은 사랑을 느끼니까. 하나님은 부모가 손을 얹고 축복하는 기도를 다 들으시고 응답하시니까.

여느 가족처럼 우리 가족도 카톡을 이용해서 소통하고 있다. 때로는 지쳐 있는 딸아이에게, 어떤 일로 낙담해 있는 아들에게 카톡을 통해 위로하고 격려해준다. 그리고 마음에 있는 이야기를 허심탄회하게 나눈다. 얼굴을 마주보며 나누는 대화보다 감동이 더 진할 때가 많다. 또한 이런저런 정보를 나누기도 한다. 더구나 아내는 사기(스매싱)에 대한 정보들을 시시각각 전해준다. 어쩌면 아이들은 잔소리로 듣겠지만. 요즘은 카톡이 가족 사랑을 나눌 수 있는 좋은 소통의 장이 되고 있다.

부모가 아이들을 위해 해주는 섬김과 봉사 역시 아주 좋은 사랑의 표현방식이다. 하루는 고등학교에 다니는 딸아이가 무거운 가방을 들고 가는 게 애처로워 보였다.

"혜린아, 아빠가 가방을 들어줄게."

"아니야, 무겁지도 않아."

"그래도 아빠가 들고 갈게."

"내가 들고 가도 괜찮아."

"아니야, 아빠가 널 사랑해서 들어주려고 하는 거야."

자녀의 무거운 가방을 들어주는 것도 아빠의 사랑을 표현하는 방법이다. 우리 아이들은 이제 다 컸다. 모두 대학생들이니까. 그래도 여전히 아이들이 늦을 때 마중을 가는 때가 있다. 그러면 무겁든 가볍든 간에 아이들의 가방을 들어준다. 왜? 아빠의 애정을 표현하는 방법이니까.

아이의 생일이나 크리스마스가 다가올 때 아이를 위해 정성스럽게 선물을 준비해보라. 선물 역시 소중한 사랑의 표현방식이다. 선물은 마음을 흐뭇하게 해준다. 닫힌 마음 문을 열게 해준다. 야곱은 20년 만에 형 에서를 만나러 갈 때 예물을 준비하지 않았던가! 선물은 상처받은 마음도 치유해준다. 얼어붙은 마음도 녹여준다. 선물은 사랑의 또 다른 표현이다.

학교에 갈 일이 있는가? 아이들을 사랑한다면 자신을 아름답게 꾸며서 방문할 필요가 있다. 아이들은 친구들에게 아름다운 엄마를 보여주기 원한다. 그런데 초라한 모습으로 오면 아이들은 친구들에게 주눅이 든다. 기가 죽는다. 아이들의 기를 살려주는 일도 사랑의 표현이다.

아이들은 인정하지 않지만 때로는 잔소리도, 징계도 사랑의 표현이다. 아이들은 부모가 하는 잔소리를 싫어한다. 그러나 지혜로운 잔소리는 아이들의 길을 고쳐준다. 징계가 없는 사랑은 아이들의 삶을 그르칠 수 있다. 자녀들이 싫어한다고 모든 게 나쁜 건 아니다. 자녀들이 좋아한다고 다 좋은 것도 아니다. 싫어도 좋은 게 있고 좋아도 나쁜 게 있다. 부모는 그걸 분별하는 지혜가 필요하다.

네가 없으니까 너무너무 허전해

"아빠, 학교에서 캠프 가."

"그래? 며칠 동안 가는데?"

"3박 4일이야."

"그럼 어떻게 하니?"

"왜?"

"네가 4일 동안 없어서 어떻게 해?"

"……."

"아빠는 너무 허전할 것 같아."

아이가 캠프를 떠나고 저녁이 되어서 문자를 보냈다.

"아들, 잘 도착했지? 지금 뭐하는데? 아빠가 너무 보고 싶지?"

"응~ 잘 자!"

아빠가 아들이 보고 싶은 게지, 아들은 아빠가 그리 보고 싶을까? 그걸 다 알고 있다. 그저 해보는 말이다. 아빠의 마음을 전해주고 싶은 것일 뿐.

4일이 지나서 아이가 집에 돌아왔다. 아이를 보면서 활짝 웃으며 팔을 벌렸다.

"아들, 보고 싶었어. 잘 갔다 왔지?"

"응~"

아이는 쑥스럽게 아빠의 품에 안겼다. 나는 아이를 꽉 안고서 말했다.

"아들아, 아빠를 못 봐서 너무 허전했지?"

"응~"

"아빤 널 보고 싶어서 죽는 줄 알았어!"

물론 과장된 표현이다. 어떤 때는 생각에서 잊힌 적도 있다. 그래도 아이에게 아빠의 사랑을 전해주고 싶었다.

아이들이 캠프를 가거나 수련회를 떠나는 때가 있다. 부부만 남게 되는 경우도 있다. 때로는 편하다는 생각이 들 수도 있다. 아내 입장에서는 더 그렇지 않겠는가? 밥상을 차려야 하는 의무감에서 해방되는 순간이니까. 칭얼대는 아이들의 등쌀을 피하는 순간이니까. 잠시 자유를 만끽하는 순간이리라. 그런데 하루가 지나면 허전해진다. 아이들이 없는 공간이 쓸쓸하다. 그래서 웃으며 주고받는다.

"나중에 아이들이 모두 떠나고 나면 허전해서 어떻게 살지?"

"맞아. 그때가 되면 도대체 무슨 재미로 살까?"

"미리 노는 것도 훈련해 둬야겠어."

때로는 아이들의 존재가 거추장스러워질 때가 있다. 자기 방을 정리하지 않고, 자기 물건도 챙기지 않는 것을 보면 속상하다. 때로는 쓰레기장을 방불케 한다. 그걸 매일 두고 봐야 하는 엄마의 입장에서는 속이 터질 때가 한두 번이 아닐 게다.

더구나 자기 일은 하지 않은 채 놀기만 하는 것을 보면 속이 뒤집어진다. 숙제도 하지 않은 채 온종일 놀기만 하고 있으니. 어떤 때는 “숙제를 다했다”고 거짓말까지 능수능란하게 할 때면 부모의 속은…. 그래도 어찌하랴. 내 자식인 것을. 때때로 떨어져 있으면 이내 쓸쓸하고 외로운 것을. 허전해서 저절로 생각나는 것을.

그러다 보니 부모에게 필요한 숙제가 있다. 자기감정을 스스로 추스르는 일이다. 아이들이 속상하게 할 때면 속상해서 견딜 수 없다. 그래서 속상한 마음을 아이에게 표현할 때 처음에는 부드러운 말로 한다. 하지만 아이는 부모의 속을 몰라준다. 철부지니까 그럴 수밖에 없다. 미성숙한 아이들의 한계이니까. 결국 부모가 자신의 감정을 추스르는 방법밖에 없다.

그렇지만 부모 역시 속상한 감정을 달래기가 쉽지 않아 말이 거칠어질 때가 있다. 아이들이 거짓말이라도 한다면, 부모에게 저항이라도 한다면 더 견디기가 힘들어진다. 결국 매를 든다. 물론 사랑의 매로 출발한다. 사랑의 매가 그리 오래 가지 못한다. 머지않아 숨소리가 거칠어지기 시작한다. 매를 든 손에 힘이 들어간다. 말이 거칠어진다. 눈매가 매서워진다. 이미 폭력 수준이다.

언어폭력이든 물리적인 폭력이든지 간에 아이들에게는 심각한 상처를 남긴다. 그러기에 아이들의 마음을 병들게 하지 않으려면 스스로 감정을 추스를 줄 알아야 한다. "화가 나는데 그게 돼?" 쉬운 일은 아니다. 그러나 그것도 습관이다. 훈련하다 보면 감정을 다루는 일이 가능해진다. 우리는 이미 정과 욕심을 십자가에 못 박아버리지 않았는가? 부모란 적어도 성숙한 성인이 아닌가? 부모가 할 수 없는데 자식이 부모가 원하는 대로 행동하기를 바라는 건 욕심일 뿐이다.

성령께서 생각과 감정을 다스리도록 자신을 내드려야 한다. 아무리 감정이 격해질 순간이라도 그리스도의 온유한 마음을 품어야 한다. 기질대로 살려고 해서는 안 된다. 감정대로 행동하려고 해서도 안 된다. 하나님의 자녀로서 합당한 삶으로 나아가야 한다. 한때 그렇게 화나게 만드는 그 자녀가 '없어지면 그렇게 허전할 존재'이기 때문이다.

C·H·A·P·T·E·R·3

너 때문에 얼마나 행복한지 몰라. 고마워!

어느 해 우리 부부의 결혼기념일이었다. 큰딸 혜린이가 우리 부부의 사진을 넣은 커다란 액자를 들고 왔다. 그 액자에는 이런 글씨가 쓰여 있었다.

"오늘이 그랬던 것처럼 내일도 아름다운 하루가 되길. 사랑하는 엄마 아빠에게 딸 혜린이가~"

혜린이가 직접 쓴 예쁜 손글씨였다.

저녁에 퇴근한 나는 혜린이에게 웃으며 말했다.

"사랑하는 딸, 고마워. 혜린이가 엄마 아빠를 사랑하기는 하는구나."

사실 혜린이는 속마음을 잘 표현하지 않는 아이다. 그래서 가끔씩 "혜린아, 마음에 있는 감정을 주변사람들에게 표현하는 건 매우 중요한 거야"라고 잔소리 삼아 말하긴 하지만 성격상 쉽지 않은 모양이다. 아빠하고는 다른 성향인가보다.

아빠의 잔소리에 쑥스러운 듯 혜린이가 말했다.

"사랑하는데… 내 사랑의 표현이고… 가까우니께 그렇게 표현하는 게지."

딸의 대답에 웃으며 한마디 보탰다.

"딸, 가까운 사람에게 그렇게 하는 게 더 바보 같은 짓이야~"

사랑한다고 하면서도 서로 사랑을 표현하지 못하는 사람들이 많다. 마음에 있는 좋은 감정은 어떤 형태로든 상대방에게 전달하는 게 좋다. 부모가 자녀에게, 자녀가 부모에게. 그렇게 서로의 행복을 만들어가는 것이다.

살아가면서 행복을 만드는 말들이 있다. "사랑해요. 고마워요. 미안해요. 괜찮아요. 잘했어요. 훌륭해요." 따뜻하고 아름다운 말 한마디로 상대방의 마음을 움직일 수 있다. 진한 감동을 일으킬 수도 있다. 심지어 견고하게 잠긴 마음도 해제시킬 수 있다.

행복한 인생을 사는 사람, 행복을 만들 수 있는 사람은 뭔가 다르다. 생각하는 게 다르고 말하는 게 다르다. 크게 어려운 일도 아니고 비용이 드는 일도 아니다. 조금만 신경쓰면 된다. 작은 노력만 기울이면 충분하다. 그런데도 잘 안 된다. 왜? 생각 없이 말하고 행동하는 경향이 있기 때문에, 그러니 가까운 사이일수록 좀 더 신중할 필요가 있다.

자녀의 인생을 아름답게 만들어주고 싶은 건 모든 부모의 공통 관심사다. 자녀의 아름다운 삶을 생각하는 사람들은 말하는 게 다르다. 감사한 마음을 표현할 줄 안다. 감사한 마음을 속으로만 간직하지 않고 표현해주면 아이들의 정서 창고가 행복한 감정으로 가득하게 된다. 그렇다면 어떻게 감사를 표현하면 될까?

네가 내 곁에 있어줘서 고마워

아이들이 어린 시절, 아내가 친구 사모님들과 함께 아이들을 데리고 서울 어린이대공원에 놀러간 적이 있다. 관람객이 너무나 많았다. 그런 인파 속에서 세 아이를 데리고 다니려니 쉬운 일이 아니었던 모양이다. 세 아이를 돌보려면 온 신경을 집중해야만 했다.

어느 순간, 아들이 보이질 않았다.

"우리 형규가 없어졌어요!"

"방금 거기 있었는데…."

정말이지 머리가 아찔했다. 막막함과 걱정이 온몸을 감쌌다.

'혹시 밖으로 나갔으면 어떻게 하지?'

'어떻게 찾지?'

이런저런 염려가 몰려오는 순간, 서서 기도하기 시작했다. 아무 일이 없게 해달라고, 꼭 찾게 해달라고. 기도 후 아내는 왔던 길을 다시 돌아가 보았다. 혹시 어딘가 서 있지 않겠는가 하는 생각으로. 그러나 아들은 보이지 않았다.

"형규야~ 형규야~"

정신없이 주변을 돌아다니며 한참을 찾았지만 보이지가 않았다. 속이 바짝바짝 타는 것 같았다. 결국 미아보호소로 갔다. 아뿔싸! 그런데 형규가 거기에 있는 게 아닌가! "하나님 감사합니다!" 아내는 형규에게 달려가 부둥켜안고 말했다.

"형규야, 괜찮아? 어디 갔었어?"

"……."

"네가 없어서 엄마는 죽는 줄 알았잖아."

아이는 겁에 질려서 그저 울고 있을 뿐이었다.

"괜찮아. 엄마 곁으로 돌아와서 너무너무 고마워."

사랑스럽고 소중한 존재이지만 때로는 아이들 때문에 속상할 때가 있다. 그럴 때면 귀찮다는 생각이 든다. 눈에 안 보이면 묵은 이빨이 빠진 것처럼 시원할 때도 있다. 그런데 사랑하는 사람들이 우리 곁에 있다는 사실이 얼마나 감사한지 아는가?

어느 해 명절이 되어 시골 형님 가정에 갔다. 아침부터 조카 손자가 온 집안을 어지럽히고 있었다. 이제 걷기 시작한 녀석인데, 저지레하는데 부지런하기도 했다. 물통을 들고 물을 마시려하다 쏟기도 하고, 주방기구를 이리저리 어지럽히기도 했다. 집안에 있는 온갖 물건이 녀석에 의해 널브러졌다.

그런다고 누구하나 "왜 그래?"라고 나무라지 않았다. 오히려 그렇게 장난치는 아이를 보고 즐겁다고 웃었다. 어지럽히는 것 자체도 즐거웠다. 그렇다. 존재만으로 치우는 귀찮음을 얼마든지 참을 수 있었다. 불편함을 감수할 수 있었다. 그 아이가 너무나 소중하기에.

사실 그렇지 않은가? 우리 자녀는 존재함으로 인한 불편함을 많이 가져다준다. 자식이 없으면 겪지 않아도 될 일이 한두 가진가? 매일 끼니때마다 챙겨야 하는 식사, 하기 싫어하는 공부 가르치기, 하루에도 몇 벌이고 벗어놓는 빨랫감, 옆집 아이들과 싸워 얻어터지고 오는가 하면, 옆집 아이를 때려 곤란스럽게 하기도 한다. 공부하라고 하면 친구들과 어울려 컴퓨터 게임이나 하지 않나, 학원에 간다고 해놓고 공원에서 놀고 있지 않나….

그럴 때마다 '차라리 자식이 없었으면' 하는 생각마저 든다. 그랬으면 이런 불편함은 없었을 텐데, 얼마든지 편하게 살 수 있었을 텐데, 돈도 그다지 쓸 일이 없었을 텐데, 부부만의 행복을 만들어갈 수 있었을 텐데, 생각해보면 한없이 귀찮은 일이다. 그래서 가지 많은 나무에 바람 잘날 없다고 하지 않았던가!

그러나 그들이 있음에 내일을 기대할 수 있지 않은가! 그들이 있음에 한 번 더 웃을 수 있지 않던가! 그들이 있기에 귀찮음으로 인한 부지런을 배울 수 있지 않던가! 그들 때문에 한 번 더 기도하지 않던가! 그들이 있음에 눈물샘도 마르지 않았고…. 그런데 누군가 그들을 우리 곁에서 빼앗아 간다면 얼마나 황당하겠는가? 아니, 얼마나 가슴 아픈 일인가? 유괴를 당한 아이들로 인해 자신의 삶을 아예 내팽개치는 부모들을 보면 얼마나 가슴이 아픈가! 차마 볼 수 없는 고통이다.

성경에도 귀신들려 고통당하는 자식을 보면서 안쓰러워하는 부모가 나오지 않던가? 하루하루가 얼마나 힘들었을까? 아이를 고치려고 별짓을 다하지 않았겠는가? 있는 돈을 모두 탕진할 정도로, 몸과 마음이 다 지칠 정도로, 더 이상 버틸 힘이 없을 정도로. 그래서 예수님을 찾아와 간곡히 청하지 않았던가? "내 아이를 불쌍히 여겨달라"고. "내 아이를 제발 고쳐달라"고.

자녀들이 아직 내 곁에 있을 때 우리는 말해줘야 한다.

"네가 내 곁에 있어줘서 너무너무 고마워~"

존재의 가치는 상실 후에야 절절히 더 느낀다. 잃어버린 뒤에야 후회한다. 얼마나 어리석은 짓인가? 내 곁에 있을 때 고마움을 표현해주면 아이들은 자신의 존재 가치를 더욱 소중히 여길 것이다. 인정받고 있다는 사실에 더욱 당당하고 용기 있게 살아갈 것이다.

건강하게 자라줘서 고마워

"저리 비켜!"

어린 시절, 친구가 자기 집 마당에 샘을 파고 있었다. 삽과 곡괭이를 들고서 부지런히, 땀을 뻘뻘 흘리면서. 나는 신기해서 머리를 내밀고 쳐다보았다. 그 순간 번개가 번쩍, 눈앞이 캄캄, 비명소리조차 내지를 수 없는 고통이 몰려왔다.

"아악~ 피다!"

친구는 머리를 내미는 나를 보지 못하고 곡괭이를 내리친 것이다. 이를 어쩌나! 피가 철철 흘러내리기 시작했다. 수건을 가져다가 피를 막아보았지만 역부족이었다. 요즘 같으면 응급차를 불러 병원으로 이송했겠지만 그때는 병원에 갈 엄두를 내지 못했다. 그저 민간요법으로 된장을 찍어 바르는 게 다였다.

지금도 그때 입은 상처가 머리에 확연히 남아 있다. 정수리에서 0.5cm 비켜난 자리가 깊이 패여 있다. 사실 죽지 않은 게 천만다행이었다. 0.5cm만 좌측으로 찍혔으면 그 자리에서 즉사했을 것이다. 아무리 병원이 멀다 해도 그렇지, 아무리 돈이 없는 시대여도 그렇지, 아무리 그럴 사이가 아니래도 그렇지, 죽을지도 모를 아이를 병원으로 데려가지도 않다니!

사람들은 말한다. "돈을 잃으면 조금 잃은 것이요, 명예를 잃으면 많은 것을 잃은 것이요, 건강을 잃으면 모든 걸 다 잃은 것이다." 그만큼 인생에서 건강은 중요하다. 건강할 때는 잘 모른다. 건강하다는 것을 고맙다고 생각하지도 않는다. 그러나 건강을 잃어보면 안다. 자식이 아플 때면 부모는 억장이 무너진다. '차라리 내가 아프고 말지.' 그렇게 할 수 없는 게 건강이다. 그렇기 때문에 건강할 때 건강을 지켜주는 게 중요하다.

아무리 공부를 잘해도 건강을 잃으면 무엇하랴? 공부를 강요하기 전에 건강관리를 잘할 수 있도록 옆에서 도와줘야 한다. 남부럽지 않게 성공한다 할지라도 건강을 잃으면 불행하다. 선천적 장애보다 후천적 장애가 많다는 사실에 주목할 필요가 있다. 후천적 장애가 많다는 말은 부모의 책임이 그만큼 중요하다는 뜻이다.

아이들이 어린 시절이었다. 아내가 부엌에서 일하고 있었다. 그때 첫째 딸 혜린이는 아내의 발치에서 놀고 있었다. 그 순간, 아내가 실수로 싱크대에서 칼을 떨어뜨리고 말았다. 아찔했다. 칼이 딸아이의 머리에 떨어졌다면? 정말 끔찍한 순간이었다. 다행히 칼은 딸아이의 옆에 떨어졌다. 하마터면 아이에게 치명적인 아픔을 줄 수도 있는 상황이었다. 우리 부부는 가슴을 쓸어내렸다.

한순간의 부주의로 아이들에게는 평생 불행을 안겨줄 수 있다. 아니, 그보다 더한 일이 벌어질 수도 있다. 어느 날, 아내가 주방에서 일을 하고 있는데 갑자기 방에서 아들의 고함소리가 들렸다. 막내 세린이가 유리 창문 틈에 끼었던 것이다. 자칫 잘못하면 3층에서 떨어질 수도 있는 상황이었다. 다행히 오빠가 떨어지려는 동생의 옷을 붙잡고 있었다. 어린데도 위험한 줄 알았던 모양이다. 혼자 힘으로 어찌할 수 없으니까 소리를 지른 것이다. 놀래서 아내가 달려와 보니 끔찍한 일이 벌어질 순간이었다. 얼마나 다행인지!

“하나님, 감사합니다!”

순간 아내의 눈에서는 눈물이 왈칵 쏟아졌다.

"이 녀석아, 떨어지기라도 했으면 내가 어떻게 살라고!"

그러니 부모의 입장에서 아이들이 건강하게 자라주는 게 얼마나 큰 행복인지. 얼마나 고마운 일인지. 그래서 아이들에게 당부를 한다. "건강하게만 자라다오~" 공부를 좀 못하면 어떤가? 인물이 좀 없으면 어떤가? 남들처럼 외고나 특목고에 가지 못하면 어떤가? 건강하게 자라주는 게 너무 고마운 일 아닌가?

그런데 아이들이 건강하다 보면 건강한 게 고맙다는 사실을 잊어버린다. 자꾸 욕심이 생긴다. 건강은 기본으로 깔고 그 이상의 무엇인가를 해주기 바란다. 공부를 잘하기를 바란다. 예술재능도 탁월하기를 바란다. 영어도, 수학도 뛰어나길 바란다. 그래서 아이들을 들들 볶아댄다. 그게 부모의 멈출 줄 모르는 욕망이다.

불행하게도 아이들은 자신의 건강을 잘 관리할 줄 모른다. 어리다 보니 분별력이 생기지 않는다. 그래서 젓가락을 전기 콘센트에 꽂기도, 칼을 집어 들기도, 변기 물을 먹기도 한다. 분별력이 없으니 부모가 지켜주고 보호해주어야 한다. 그런데 알고 보면 어린 시절만 그런 게 아니다. 철이 든 초등학교, 중학교 시절에도 자신의 건강을 챙기지 못하는 건 마찬가지다. 그러기에 부모는 자녀의 건강을 잘 관리해주어야 한다.

"혜린아, 스마트폰을 좀 내려놔라!"

온종일 스마트폰을 손에서 떼지 않는 아이들에게 부모들이 공통적으로 하는 잔소리 아니겠는가? 인터넷과 스마트폰을 절친으로 삼는 아이들에게는 건강에 심각한 문제들이 뒤따른다. 시력에 이상이 생길 수 있고, 전자파로 인해 성장과정에 문제가 생길 수도 있다. 정서적인 이상도 뒤따른다. 다른 사람들과의 소통에도 문제가 생길 수 있다. 그래서 잔소리를 하지만 아이들은 부모의 말에 귀 기울이려 하지 않는다. 그저 잔소리로만 간주한다.

그래도 어릴 적부터 좋은 습관을 길러주는 게 중요하다. 규칙을 정할 필요가 있다. 규칙을 지키지 않을 때는 패널티를 가할 필요도 있다. 그렇게 해서라도 좋은 습관을 형성하게 해주어야 한다.

열심히 노력해서 고마워

"나 학교 가기 싫어!"

"그게 무슨 말이야?"

"아이들이 공부를 하지 않고, 복도에서 담배도 피운단 말이야!"

"설마…."

첫째 딸을 동네 인문계 고등학교에 보냈다. 공립고등학교인데 정말 실망스러웠다. 지역적으로 교육열이 떨어진다고 하지만 학교 당국에서도 학생들에게 공부시킬 열의가 없었다. 학생들은 공부하지 않았다. 학교에서는 아예 공부할 분위기가 아니라고 말했다. 쉬는 시간만 되면 학생들이 담배를 피웠다. 그런데도 학교에서는 어떤 제재도 가하지 않았다.

딸아이는 1학년 내내 학교에 가기 싫다고 말했다. 경쟁력이 없으니 공부할 생각도 하지 않았다. 결국 딸아이는 재수를 해서 서울 시내에 있는 대학에 들어갔다. 그렇다고 그렇게 이름 있는 학교도 아니었다. 어린 시절부터 첫째 딸은 머리가 좋다는 얘기를 들으면서 자랐지만 결과는 이랬다.

그에 비해 둘째나 셋째는 달랐다. 공부를 좋아하는 스타일도 아니었고, 공부를 잘하는 편도 아니었다. 그래서 둘째 아들이 중학교를 졸업할 즈음에 우리 부부는 기도를 많이 하고 고민도 했다. 그리고 결론을 내렸다.

"형규야, 실업계 고등학교를 갔으면 좋겠다. 이유는 두 가지다. 실업계 고등학교를 가서 내신 성적을 잘 관리해서 대학 진학을 노려보자. 또 하나는 졸업 후에 취업을 해도 좋고. 요즘 대학을 나와서 취업을 못하고 노는 것보다 더 나을 수도 있어. 직장을 다니다가 공부를 하고 싶으면 2~3년 후에 공부를 하면 훨씬 더 쉽게 대학을 진학할 수도 있고. 교회 선배들 가운데 그런 사례도 있지 않니?"

사실 큰딸이 고등학교에 진학할 즈음이었다. 어느 날 학교에서 돌아온 딸이 말했다.

"아빠, 나 서울여상 갈까?"

나는 깜짝 놀랐다. 실업계에 갈 것이라고는 한 번도 생각해본 적이 없었기에.

"무슨 소리야? 서울여상이 좋기는 한데, 그래도 인문계를 가서 대학에 가야지."

딸아이는 고등학교 홍보를 나온 사람들의 이야기를 듣고 마음이 흔들렸던 것 같다. 나는 그렇게 내키지 않았다. 결국 나의 바람대로 딸아이는 인문계 고등학교에 진학했다. 하지만 시간이 지나서 나는 인문계 고등학교 진학을 고집한 것을 후회했다. '실업계를 보내서 다양한 가능성을 고려해볼 걸.' 이미 되돌릴 수 없는 지난 세월이다.

둘째가 진학할 때는 그렇게 큰 고민을 하지 않았다. 그렇게 해서 둘째는 실업계 고등학교에 진학했다. 입학한 후 4월쯤 되었을까? 아들이 고민하기 시작했다. 친구들의 이야기를 들으면서 갈등이 일어난 것 같았다. "다시 인문계를 가고 싶다"는 게다.

"형규야, 지금 그렇게 하면 넌 반드시 후회할 거야. 지금 인문계를 가서 어떻게 따라잡을 수 있겠니?"

"그래도 실업계보단 인문계가 나을 것 같아요."

"네가 실업계를 선택할 때 아빠랑 많은 대화를 나누고 결정한 일이잖아. 아빠도 쉽게 결정한 것이 아니고. 많이 생각하고 많이 기도하면서 내린 결정이었어. 이제 중요한 건 지금 학교에서 최선을 다해 성적을 관리하는 일이야. 그렇게 하면 반드시 좋은 길이 열릴 거야."

다행히 아들은 아빠의 의견을 존중해주었다. 덕분에 학교 생활부를 잘 관리했다. 결국 형규는 누나보다 더 좋은 대학에 진학하게 되었다. 그것도 경영학을. 그런데 또 다른 걱정이 앞섰다.

"이 놈이 인문계 출신의 학생들 틈바구니에서 잘해 낼 수 있을까? 실력 차가 많이 날 텐데."

첫 번째 중간고사를 친 결과, 나의 걱정은 단순한 기우만이 아니었다. 현실로 나타났다. 아들은 열심히 공부한다고 했지만 결과는 좋지 않았다. 아들과 다시 대화를 나누면서 용기를 북돋워주었다.

"아들, 괜찮아. 이제 시작인데 뭐. 앞으로 더 집중해보자. 넌 반드시 잘해 낼 거야."

1학년 2학기를 마치고 성적표를 보았다. 영어 한 과목은 저조했다. 그런데 다른 과목들은 A, B학점을 받았다. 생각보다 훨씬 잘 나왔다.

"형규야, 잘했어. 열심히 노력해줘서 고마워."

"……."

"거봐. 열심히 하니까 충분히 따라갈 수 있잖아."

사실 1학기 때 성적표를 받고 자기도 실망을 많이 한 것 같았다. 그래서 엄마한테 말했단다.

"난 머리가 안 좋은가봐."

그런데 이제 자신감이 생기지 않겠는가? 나는 아들을 격려하며 말했다.

"아들, 다음에도 더 열심히 해보자. 그래서 더 앞당겨보자."

"알았어~"

난 너무나 행복했다. 걱정을 많이 했었는데 아들이 열심히 노력해줘서, 또 생각보다 더 좋은 성적을 거두어서. 이젠 도전할 의지도 생겨나니까. 그래서 그날 밤 한 턱 쐈다.

부모의 욕심은 다 똑같다. 아이들이 좋은 성적을 얻기 원하고 많은 자격증도 취득하기 원한다. 그럴 때마다 놓치지 말자.

"열심히 노력해줘서 고마워. 그동안 고생 많았어."

그 한마디가 자부심을 심어주고 자신감도 불러일으킨다. 더 열심히 노력하고자 하는 결단력도 심어준다. 부모님을 기쁘게 할 수 있다는 생각에 강한 의지력도 자랄 것이다.

어느덧 시간이 흘러 아들이 군대에 갈 나이가 되었다. 아들은 의무경찰 시험을 봐서 의무경찰로 근무했다. 경찰청교회에서 회장을 맡으라고 해서 회장으로 섬기면서 국방의 의무를 건강하게 마무리했다. 역시 남자는 군대를 갔다 와야 하는 모양이다. 군복무를 마친 아들은 달라졌다. 특히 공부하는 태도가 완전히 달라졌다. 그러더니 복학 후부터 장학금을 받기 시작했다. 그것도 세 번씩이나. 모든 것이 하나님의 은혜였다. 그럼에도 그만한 노력을 해준 아들이 고맙다.

"아들아, 열심히 노력해줘서 고마워!"

어떻게 그런 생각을 했어? 고마워

"아빠, 생신 선물~"

어느 해였던가? 내 생일날 저녁 늦은 시간, 학교에서 돌아온 막내딸 세린이가 아빠에게 편지를 내밀었다. 작은 수첩과 함께. 아이는 아빠가 평소에 메모하는 습관을 가졌다는 걸 잘 알고 있었던 모양이다. 메모용 수첩을 선물로 주었다.

사실 비싼 선물은 아니었지만 나에게는 무척 고마운 선물이었다. 아빠에게 꼭 필요한 선물이니까. 평소에 아빠를 생각하고 있었다는 사실을 알 수 있었으니까. 더구나 딸이 내민 편지에는 깨알 같은 글씨가 빼곡히 쓰여 있었다. 그건 분명히 형식적으로 몇 자 적은 편지가 아니었다. 사랑과 정성이 듬뿍 담겨 있었다.

"아빠, 생신을 진심으로 축하해요. 지금까지 아빠 마음을 아프게 해서 죄송해요. 앞으로는 예쁜 딸이 되어 아빠에게 기쁨을 줄게요."

대충 정리하면 이런 내용이었다. 그 편지를 받은 나는 너무나 행복했다. 그래서 말했다.

"어떻게 이런 생각을 했어? 막내야, 너무너무 고마워."

성도들에게 마음이 담긴 선물을 받는 경우가 있다. 선물을 준비하는 이마다 사랑의 마음이 담긴 선물일 게다. 그 선물을 받을 때마다 감사하고 죄송하다. 주님께서 받을 영광을 부족한 종이 누리고 있는 것은 아닌지. 그중 어떤 선물은 가격으로 따지면 별로 가치가 없는 것도 있다. 그런데 정성이 담긴 선물이어서 마음이 찡한 경우가 있다.

"어떻게 이런 생각을 했을까? 너무나 고마워요."

자녀가 해주는 선물 또한 그렇다. 가격으로 따질 수 없다. 사랑이 담긴 선물이기에 그 선물을 준비하기 위해 고민한 아이를 생각하면 그저 감사할 따름이다.

어느 해 우리 부부의 결혼기념일이었다. 문자가 왔다.

"엄마 아빠, 오늘은 좀 늦게 들어와!"

"무슨 일이야?"

"우리가 할 일이 있어."

충분히 짐작할 만했다. 날이 날이니 만큼 깜짝 파티를 준비하고 있구나. 아이들이 말한 대로 그날은 좀 늦은 시간에 집으로 들어갔다. 문을 여는데 집안이 어두웠다. 순간 촛불이 켜졌다. 하트 모양의 풍선이 준비되어 있었고, 풍선 꽃길이 마련되어 있었다. 케이크와 함께 아이들의 수준에 걸맞은 간식들이 한 상 차려져 있었다. 도화지에는 한 자 한 자 사랑의 글들이 쓰여 있었고, 아이들을 부려먹을 수 있는 다양한 쿠폰까지 준비되어 있었다.

"어떻게 이런 생각을 했니? 너무너무 고맙다."

엄마 아빠의 결혼기념일을 기억해주는 게 고마웠다. 없는 돈을 모아서 귀한 파티를 준비해준 게 너무너무 감사했다. 나는 아이들이 너무 고마워서 그들을 축복하는 기도를 해주었다. 가족이란 게 이런 것 아닌가? 좋은 날을 서로 기억해주고, 기쁨을 함께 만들어가고, 그 기쁨 때문에 서로를 축복하는 것, 이것이 바로 가족이다.

이건 분명히 돈과는 상관없다. 성경에 나오는 말씀처럼 화려한 밥상을 차려놓고 서로 얼굴을 붉히면서 싸우면 무슨 소용이 있겠는가? 보잘것없는 밥상일지라도 가족이 둘러앉아 함께 웃으면서 사랑을 나눌 수 있다면 그보다 더한 행복이 있겠는가? 행복한 가정을 위해서는 돈이 아니라 사랑의 마음이 더 중요하다. 하드웨어보다 소프트웨어가 더 소중하다.

설 명절을 맞아 시골에 갔다 왔다. 요즘 아들과 여행을 하면 아들이 운전해줘서 편하고, 편리한 게 많다. 웃으면서 아들에게 물었다.

"아들, 아빠가 운전할까?"

"내가 할게."

덕평휴게소까지 아들이 운전을 하는 바람에 나는 차 안에서 주일 설교를 준비할 수 있었다. 덕평휴게소부터는 내가 운전대를 잡았다. 집으로 돌아와서 짐을 내리는데, 이제 무거운 짐은 아들이 다 들어준다. 짐을 모두 정리한 후에 나는 아들에게 말했다.

"아들, 고마워. 너 때문에 아빠가 편하게 잘 왔어."

"응. 별로 힘들지 않았어."

아들은 행복했을 것이다. 아빠가 해준 한마디 때문에.

"아들, 고마워."

부모와 자식은 그렇게 살아가는 것이다. 작은 배려와 도움에도 감사하다고 말하면서. 그러다 보면 거리감이 줄어든다. 사랑이 더 깊어진다. 고마운 마음을 구태여 감출 필요는 없다. 감사를 표현하면 상대방의 가슴에도 감사의 물결이 흐른다. 감사하고 고마운 마음은 구체적으로, 다정하게 표현할 필요가 있다. 그것을 자그마한 선물로 표현하면 더 좋을 게다.

C·H·A·P·T·E·R·4

엄청 기대된다. 넌 할 수 있어!

넌 할 수 있어!

난 어릴 적부터 부모님에게 큰 걱정을 끼치지 않고 자란 편이다. 아버지는 내가 5학년 때 세상을 떠나셨다. 그러다 보니 형제들은 가난 때문에 초등학교를 마치고는 더는 배우지 못했다. 나는 7남매 중 여섯 번째였다. 그런 나에게 어머니와 형제들은 기대가 컸다. 그래서 나는 형제들의 기대를 저버리지 못했다.

누군가에게 기대를 받는다는 것은 좋은 일이다. 누군가 자신을 인정해준다는 것이고, 자신이 존재할 이유가 있다는 뜻이다. 또 누군가를 위해 무엇인가를 할 수 있다는 의미기도 하다. 그래서 더 열심히 살아가려고 노력한다. 그런데 부담도 된다. 실망시키지 말아야 한다는 부담감, 무엇인가를 해주어야 한다는 강박증, 역할을 감당하지 못할 때 찾아오는 미안함, 기대를 채워주지 못했을 때 드는 죄송함….

자녀를 키우다 보면 아이들에 대한 기대감으로 갈등할 때가 많다. 자녀를 향한 기대가 없는 것도 문제지만 지나친 기대 역시 많은 갈등을 일으킨다. 스스로 스트레스를 받기도 한다. 스트레스를 안겨주기도 한다. 그래서 기대감을 잘 관리하는 일도 행복한 가정을 꾸미고 자녀를 성공적으로 양육하는 또 하나의 기술이다.

어느 해 봄, 아들의 생일 전날이었다. 잠을 자기 전에 아들과 보이스톡을 시도했다.

"아들, 생일 축하한다!"

그런데 아들은 답이 없었다. 다음 날 아침에 아들로부터 카톡이 왔다.

"아빠, 키워주셔서 감사해요. 올 한 해는 나한테 아주 아주 힘든 시간인 것 같아. 학업도~ 예사랑 사역도~ 교회 사역도~ 감당하기에 너무 벅차서 다 때려치우고 도망가고 싶은 마음이 생길 때가 많은데 버티면서 열심히 살아보려고 노력중이야~~ 아빠는 더 힘들겠지? 힘내!!!"

학교에서 '예사랑'이라는 기독교 서클을 섬기고 있다. 100명이 넘는 모임이다. 거기서 회장을 맡고 있으니 신경쓰는 일도 많았다. 그래서 고민을 상의할 때도 있었다. 교회에서도 청년회에서 찬양팀을 섬기고, 고등부 교사로 섬기다 보니 힘겨울 게다. 게다가 용돈을 쓰기 위해 엄마 아빠 몰래 아르바이트도 하고 있었다. 그러니 버거운 게 맞다. 나는 아들에게 격려의 문자를 보냈다.

"사랑하는 아들, 생일 많이많이 축하해. 많이 힘들구나. 그럴 때가 있지ㅎㅎ 그래도 어른이 되는 과정이니까 힘내라^^ 아들은 잘할 수 있을 거야. 주님이 지혜와 능력을 주실 거야. 아빠는 믿어~ 기도 많이 할게. 오늘 즐거운 하루 보내라. 맛있는 밥 먹으려면 저녁에 집으로 와. ♡"

아들은 답이 없었다. 저녁에 다시 문자를 했다.

"사랑하는 아들아, 아직 집에 안 왔나? 맛있는 것도 먹고… 맛있는 거라도 좀 사먹지. 오늘은 푹 쉬어^^ 아빠 호주머니가 비어서 이번 생일엔 용돈도 못 줬다. 미안하다ㅋㅋ 그래도 아들을 많이많이 사랑한다~ 늘 뒤에서 기도하니까 힘내자. 너무 스트레스 받지 말고. 넌 하나님의 은혜가 있는 사람인거 잊지 말고ㅎㅎ"

네가 하고 싶은 건 뭐야

"형규야, 넌 앞으로 어떤 사람이 되고 싶어?"

"어~ 글쎄. 뭐하지?"

"사람은 내가 하고 싶은 게 있어야 하는 거야. 그래야 그런 사람이 되려고 노력도 하지."

"난 경찰할까?"

"경찰? 좋지. 경찰이 되려면 열심히 공부해야 해. 요즘은 경찰되는 일도 쉽지 않아."

사람은 꿈을 먹고 산다. 꿈을 가진 사람은 살아가는 태도가 다르다. 같은 일을 하더라도 꿈을 갖고 일하는 사람과 그렇지 않은 사람은 차이가 크다.

동일한 임금을 받는 세 사람이 예배당 건설현장에서 벽돌을 쌓고 있었다.

첫 번째 사람은 불평과 원망을 하면서 일했다. 늘 배운 것이 없어서 이렇게 잡스러운 일을 한다고 투덜거렸다. "어쩌다가 내 신세가 요 모양 요 꼴이 되었지?"라며 신세타령도 했다.

두 번째 사람은 나름 즐겁게 일했다. '이 일을 할 수 있기 때문에 가족들이 먹고 살 수 있고, 취미와 여가생활도 즐길 수 있어' 라고 생각하며 일했다. 나름 보람을 갖고 지냈다.

그런데 세 번째 사람은 또 달랐다. 그는 늘 신나고 즐겁게 일했다. 그는 생각하는 게 달랐다. '나 같은 사람이 어떻게 하나님의 성전을 짓는 일에 쓰임받는단 말인가. 이 일이야말로 축복이자 은혜요, 기쁨이자 즐거움이다.' 이런 마음으로 살다 보니 하루하루의 삶이 기쁨이자 행복이었다. 그는 날마다 설렘과 감동으로 감격하며 일했다.

세 사람은 같은 장소에서 같은 일을 했다. 물론 동일한 임금을 받았다. 그러나 마음과 태도는 전혀 달랐다. 노동의 질도 달랐다.

꿈을 가진 사람의 삶은 무언가 기대와 설렘이 있다. 하루하루가 행복하다. 꿈이 있기에 인생을 미리 준비해간다. 도전할 목표가 있기에 열정이 생긴다. 목표가 정해졌으니 달려가고 싶은 마음도 생긴다. 남들이 게으름을 피울 때도 뭔가 하려고 노력한다. 잠을 자지 않아도 피곤한 줄 모른다. 엉뚱한 곳에 시간 낭비를 하지 않는다.

요셉은 꿈을 갖고 산 사람이다. 부지런하고 성실했다. 하나님을 기쁘시게 하기 위해 열심히 일하다 보니 주변사람들이 인정해주었다. 사람들의 눈을 의식하기보다 스스로에게 부끄러움이 없는 삶을 살기를 원했다. 늘 최선을 다하는 사람이 되려고 애썼다. 억울한 일이 있어도 불평하거나 원망하지 않았다. "인내는 쓰다. 그러나 그 열매는 달다"는 말을 실천하며, 원하지 않는 환경이 닥쳐와도 인내할 줄 알았다. 하나님께서 보여주신 꿈을 이루기 위해 끊임없이 달려갔다.

부모는 자녀에게 꿈을 꾸도록 동기부여를 해주어야 한다. 그래서 위인전기를 읽히거나 꿈을 찾을 수 있는 다른 책을 읽히기도 한다. 자녀 혼자서는 잘 안 되니까 부모가 함께 도서관을 찾아가기도 하고, 관심 있는 직업현장에 가보기도 한다. 자녀에게 꿈을 심어주기 위해 여행을 하기도 한다. 여행을 다니면서 유적지를 살펴보고, 견학을 통해 사람들이 살아왔던, 그리고 살아가는 모습을 보게 한다. 그것을 통해 다양한 세상과 다양한 삶을 직접 경험하면서 꿈을 갖게 한다.

부모는 아이들과 함께 꿈 이야기를 나누어야 한다. 엄마 아빠가 살아왔던 이야기를 들려줄 필요가 있다. 부모가 꾸었던 꿈 이야기를 들려주는 일도 유익하다. 구태여 미화시킬 필요는 없다. 실패한 이야기도 그들이 꿈을 찾아가는 데 도움이 될 거니까. 어차피 꿈이란 끊임없이 변할 수 있는 것이 아닌가?

나도 어릴 적부터 많은 꿈을 꾸었다. 꿈이 바뀌기도 했다. 어린 남자아이면 대부분 그런 꿈을 꾸었듯이 나도 유아시절에는 장군이 되고 싶다는 생각을 했다. 그러다가 초등학교 시절에는 선생님이 되고 싶었다. 선생님이 존경스러워보였던 시기니까. 조금 더 철이 들면서 판사가 되고 싶었다. 사람이라면 누구에게나 있는 권력과 명예심 때문일까? 판사가 되어 가난하고 억울한 사람들을 도와주고 싶었다.

그러다가 고등학교 1학년 때 예수님을 인격적으로 영접하게 되었다. 이 세상에서 목사님이 가장 훌륭해 보였다. 주님의 일을 하는 모습이 그렇게 아름다울 수가 없었다. 물론 부흥사 목사님들로부터 목회자의 길은 고달프고 힘들다는 말도 많이 들었다. 그러나 목회자의 길이 좋아보였다. 그래서 목사가 되려던 친구들과 함께 꿈을 키워갔다.

내 꿈은 대학 진학을 앞두고 또다시 바뀌었다. 사실 그때는 꿈이 바뀌었다기보다는 그 길을 찾아간 것이다. 나는 형제들의 도움으로 공부해왔다. 형제들의 기대를 저버릴 수 없었다. 조카들을 위해 디딤돌이 되어주기를 바라는 형제들의 바람, 결국 나는 그 바람을 무산시키지 않기 위해 사회에 진출하기로 했다. 그래서 경제학을 전공했다.

그러나 대학교 3학년 겨울방학 때 다시 한 번 꿈에 변화를 가져왔다. 당시 나는 밤잠을 이룰 수 없는 고민에 빠졌다. 사실 대학교 3학년이 되면서 금융회사에 취업하기 위한 준비를 했다. 그런데 나도 모르게 진로를 고민하기 시작했다. 고등학교 시절에 하나님 앞에서 했던 약속이 자꾸 떠오르면서 알 수 없는 고민에 사로잡히게 되었다.

목사님과 상담한 후, 나는 하나님의 뜻을 물어보기로 했다. 한 달 동안 밤 12시에 교회에서 작정기도를 드렸다. 기도하는 중에 신학을 공부해야겠다는 확신이 들었고, 그때부터 총신대학교 신학대학원 진학을 준비하게 되었다.

어린 시절부터 꿈에 대한 고민을 많이 해본 터라, 나는 세 아이를 키우면서 꿈에 대한 이야기를 자주 나누었다.

"네가 하고 싶은 게 뭐니? 늘 꿈을 꿨으면 좋겠다."

넌 마음만 먹으면 얼마든지 할 수 있어

"혜린아, 넌 피아노를 좀 배웠으면 좋겠어."

"왜?"

"피아노를 잘 쳐서 교회에서 겸손한 반주자가 되는 건 어떨까?"

그래서 큰딸 혜린이는 어린 시절부터 피아노를 배웠다. 다른 아이들에 비해 배우는 속도가 빨랐고, 꽤 잘 치는 편이었다. 나는 은근히 기대했다.

나는 왜 혜린이가 피아노를 배우기 원했을까? 오래 전 이야기로 거슬러 올라간다. 고등학교 시절, 나는 대구에서 신앙생활을 했다. 그 당시 학생회 활동이 재미있었다. 찬양대에서 섬기는 일도 행복했다. 그때 우리 교회에 대학교 교수이자 장로로 섬기던 분이 계셨다. 너무나 겸손하셔서 많은 성도들의 롤 모델이셨다. 그분에게 남매가 있었다. 큰아이가 딸이었는데, 나에게는 2년 후배였다. 피아노를 잘 쳤다. 그래서 중학생 때 전국 대회에서 입상하기도 했다.

내가 고등학교 3학년 때였다. 장로님의 딸은 고등학교 1학년이었으며, 학생찬양대 반주자였다. 그 시절 우리는 예배 전후로 찬양 연습을 했다. 그런데 예배 전 찬양 연습에 그 반주자 여학생이 꼭 늦는 것이었다. 너무 겸손해서 교회의 모든 사람이 롤 모델로 삼은 장로님의 딸이라곤 믿기지 않을 정도로 콧대가 얼마나 높았던지….

결국 반주할 사람이 없어서 중학교 2학년인 목사님 딸을 데리러 가곤했다. 물론 실력의 차이는 말할 것도 없었다. 그러나 목사님 딸은 너무나 순종적이었다. 언제 부탁을 해도 거절하는 법이 없었다. 그래서 나는 이런 생각을 한 적이 있다. '나중에 결혼해서 딸을 낳으면 꼭 피아노를 가르쳐서 교회에서 반주자로 세우고 싶다. 겸손하게

섬길 수 있는 반주자로.'

그런 경험 때문에 나는 큰딸에게 어릴 적부터 피아노를 가르치기 시작했다. 아이는 곧잘 쳤다. 나는 나의 소박한 꿈이 이루어지는 줄 알았다. 그런데 문제가 생겼다. 혜린이가 초등학교 4~5학년 때 피아노 선생님이 너무나 무서운 분이셨다. 마음에 안 들면 손가락을 자로 때리면서 어린 마음에 상처를 주었던 모양이다. 결국 피아노 배우는 일을 도중에 멈췄다. 나의 소박한 꿈은 그렇게 끝났다. 담임목사로 부임한 이후에 피아노를 다시 가르치려 했지만 도무지 응하질 않았다. 그때 받은 상처가 너무나 컸기에 다시는 피아노를 치지 않겠다고 다짐했다고 한다.

어린 시절 좀 부족했어도 "넌 마음만 먹으면 할 수 있어"라고 작은 격려만 해주었더라도 충분히 재능을 발휘할 수 있는 아이였는데 너무나 속상했다. 아빠가 아무리 응원하고 격려하더라도 소용이 없었다. 선생님에게 받은 상처 때문에 다시 일어서지 못했다.

아이들에게는 응원의 박수가 필요하다.

"마음만 먹으면 넌 얼마든지 잘할 수 있어."

"난 너를 잘 알아. 네가 얼마나 잘한다고."

간단한 응원의 말이 아이를 얼마나 신나게 하는지 아는가? 아이에게 하는 작은 격려의 말이 얼마나 큰 자신감을 갖게 해주는지 아는가? 아이들에게 '자신감'은 무엇보다 소중한 자산이다. 자신감만 불어넣어주면 아이는 자신의 능력 그 이상을 발휘할 수 있다.

그런데 많은 부모들이 아이를 주눅 들게 만든다. 장점이 많은데도 한두 가지 단점만 보고 아이를 기죽인다. 자신감을 잃은 아이들은 잘하던 일도 멈칫한다. 충분한 잠재력을 갖고 있는데도 아예 도전하려 들지도 않는다. 결국 잘하던 일마저 포기하고 만다. 그러기에 위대한 부모는 자식에게 자신감과 더불어 자존감도 함께 불어넣어준다. 대단한 지식이 없어도 된다. 탁월한 지혜를 발휘하지 않아도 괜찮다. 간단한 말 한마디면 충분하다.

"넌 대단한 아이야. 난 너를 믿어!"

그런데 왜 이렇게 간단한 말 한마디를 머뭇거리는 것일까?

어느 날 아들이 자기 방에서 기타를 치고 있었다. 기타를 사주지 않았는데…. 교회에서 빌린 거란다. 곧잘 쳤다. 그래서 아들 방으로 들어갔다.

"아들! 기타를 멋지게 친다. 역시 우리 아들은 대단해!"

"뭘 이걸 갖고, 이제 배우는 건데."

"아니야, 너무 멋져! 최고야, 최고!"

나는 손가락을 치켜세웠다. 아들은 언제부턴가 기타를 치기 시작했다. 특별히 학원을 다닌 것도 아니었다. 교회에서 선배들에게서 배우고 있었다. 그렇게 시작된 기타 치기로 몇 년 후에는 고등부 찬양리더로 섬기게 되었다. 그러더니 청년회에서 찬양리더로 섬기기도 했다. 우리 아들을 보는 권사님들은 "형규가 너무 예뻐요"라고 칭찬해주신다. "별 말씀을요"라고 하지만 그래도 아빠의 흐뭇한 마음은 감출 수가 없다.

자신감은 크나큰 인생의 자산이다. 성공의 열쇠이다. 세계적인 호텔의 창시자 콘라드 힐튼은 성공의 요인을 "자신을 믿는 신념"이라고 말했다. 나폴레옹 힐도 "자신감은 에너지를 만든다. 강한 자신감으로 인생의 수레바퀴를 굴리면 분명 높은 곳까지 오를 수 있다"라고 확언했다. 자녀의 앞날을 걱정하는 부모라면 그들에게 속삭여줘야 한다.

"넌 충분히 할 수 있어!"

어떤 꿈을 꾸든지 자신감을 불어넣어주어야 한다. 자신감은 한 번의 격려로 끝내서는 안 된다. 수시로 확인시켜주는 게 좋다. 주저하지 말고 입술에서 익숙해지도록 실습해보자.

"넌 마음만 먹으면 얼마든지 잘할 수 있어! 능력의 주님이 도와주실 거니까."

안 해보고 후회하기보다 해보고 실패하는 게 낫지

"혜린아, 자전거 타볼래?"

"싫어. 넘어지면 어떻게 해."

"괜찮아, 아빠가 뒤에서 잡아줄게."

"그래도 무서워. 하지 않을래."

"넌 잘할 수 있다니까. 걱정하지 마."

"난 못해. 안 해!"

"혜린아, 안 해보고 후회하기보다 해보고 실패하는 게 더 나아. 안 되더라도 한 번 해보자."

내성적인 혜린이는 겁에 질려 시도조차 할 생각을 하지 않았다. 그러나 끈질긴 설득과 도전에 못 이겨 결국 자전거를 배우게 되었다. 물론 수많은 넘어짐을 거듭한 끝에 자전거 타기에 성공했다.

무슨 일을 하든지 처음에는 모험이다. 처음부터 쉬운 일은 없다. 처음부터 마음대로 되는 법은 없다. 어떤 일을 이루기 위해서는 어느 정도 위험을 감수해야 한다. 실패도 각오해야 한다. 그런 일들을 극복할 때 성취감을 맛볼 수 있다. 처음에 실수해도, 실패해도 너무 질책할 필요 없다. 세월이 흐르면 얼마든지 달라질 거니까.

사람들은 꿈을 꾼다. 꿈꾸는 것이야 누군들 못할까? 중요한 건 꿈을 이루기 위한 도전이다. 모험을 해야 한다. 넘어질 각오하고 실패할 생각도 해야 한다. 그렇게 하다 보면 결국은 해낸다. 한 번 안 된다고 포기하지 않으면 된다. 넘어지더라도 끝내지만 않으면 된다. 아프더라도 이를 악물면 된다. 고통스럽더라도 조금만 더 참으면 된다.

부모라면 자녀에게 참는 법도 가르쳐야 한다. 눈물을 닦고 이를 악무는 훈련도 해주어야 한다. 넘어져도 다시 일어서는 법을 가르쳐 주어야 한다. 그러다 보면 언젠가 뭔가를 이룰 수 있다. 이런 과정없이 꿈을 이룬 사람은 아무도 없다.

아이들이 태권도를 배울 땐 피곤하다. 엎어터지고 깨질 때도 있다. 때로는 크고 작은 상처로 범벅이 될 수도 있다. 멍들고 상처가 난다고 포기한다면 결코 운동을 할 수 없다. 운동을 하다 보면 다치기 마련이다. 깨지기도 한다. 그럴 때 힘들어도 참을 수 있는 방법을 가르쳐주어야 한다. 아파도 눈물을 닦고 다시 시도하는 법을 깨우쳐 주어야 한다. 넘어지고 주저앉더라도 다시 일어서는 법을 깨닫게 해 주어야 한다. 그렇지 않고서는 아무것도 이룰 수 없다.

아들 형규가 5학년 때인 것 같다. 어느 날 집에 오더니 싱글벙글 자랑스럽게 말했다.

"엄마 아빠, 오늘 축구팀 감독님이 나한테 축구를 해보라고 했어요."

"그게 무슨 말이야?"

학교에서 나오는데 어느 중학교 축구팀 감독이 다가와서 축구를 해보라고 했다는 것이다. 키가 컸으니까 가능성이 있었던 것으로 보였는지도 모르겠다. 순간, 나는 계산이 나왔다. 운동하는 아이들은 공부를 아예 접는다는 것, 운동을 시작하지만 그 운동을 통해 괜찮게 풀리는 사람이 극히 소수라는 점, 그렇게 되면 운동한 일을 후회한다는 것 등. 이런 계산이 머릿속에 맴돌면서 나는 대답했다.

"형규야, 축구를 통해 성공하는 사람은 극소수야. 그 나머지는 공부도 하지 않았기 때문에 평생 고생할 수도 있어."

"그래도 난 잘할 수 있어요."

"물론 형규는 잘하겠지. 그러나 장담할 수 없는 도박과 같아. 좀 더 생각해보자."

그러고 나서 몇몇 사람들과 대화를 나누었다. 대부분의 사람들이 부정적인 반응을 보였다. 그리고 이미 너무 늦은 감이 있었다.

"형규야, 아무래도 축구를 하지 않는 게 좋겠어. 아빠 생각도 그렇고, 주변사람들도 대부분 부정적이더라."

결국 형규는 생각을 접었다. 잘한 걸까? 아니면 섣부른 판단이었을까? 아직 잘 모르겠다. 그런데 때때로 이런 생각이 들기도 한다. '하고 싶은 축구를 한 번 해보도록 했으면 어땠을까? 잘 안 되더라도 한 번 해보게나 할 걸.' 같은 중학교 친구는 이후 청소년 국가대표 선수가 되어 잘하고 있단다. 그러니 더 마음이 아팠다. 미안한 선택이었다.

성경은 인간의 능력을 강조하지 않는다. 믿음의 순종을 강조한다. 하나님이 돕는 인생을 소중하게 다룬다. 인간의 능력은 그렇게 중요하지 않다. 능력은 하나님의 능력으로 충분하다. 더 중요한 건 하나님의 능력을 빌려 쓰는 태도이다. 하나님은 능력 있는 모세를 사용하지 않으셨다. 자기 능력과 재능을 의지하고 으스댈 때는 쓰러지게 두셨다. 그런데 모세가 실패하자 하나님은 다시 일으켜 세우셨다. 그리고 마른 지팡이 하나로 하나님의 기적의 역사를 다시 써 나가셨다. 우리는 기억해야 한다. 모세의 기적은 마른 지팡이에서 나왔음을. 그 마른 지팡이의 비밀은 능력의 하나님이 함께하심에 있다는 사실을.

부모는 자녀들을 하나님의 능력을 의지하는 아이로 양육해야 한다. 그들을 향해 언제든지 말해줄 수 있어야 한다. "능력보다 노력이 훨씬 더 소중해." 자기 능력을 믿고 으스대지 않게 해야 한다. 겸손하게 하나님의 능력을 의지하며 살아가게 해야 한다. 자기 능력보다 하나님의 능력을 의지하며 살아가도록 양육해야 한다. 단지 우리가 할 일은 하나님께 순종하며 최선을 다하는 것임을.

하나님이 함께하시잖아

"인추야, 핵교 가자!"

어머님이나 형님이 나에게 하는 얘기다. 그게 무슨 말인가? 옆집에 인수라는 친구가 있었다. 그 친구랑 학교를 가기 위해 부르는데, 그렇게 불렀다는 것이다.

어린 시절 나는 아홉 살 때 초등학교에 입학했다. 빠른 아이들은 일곱 살에도 입학했는데, 나는 보통 아이들보다 한 해 늦게 입학한 셈이다. 왜? 말을 잘할 줄 몰랐기 때문에.

내가 말을 잘할 줄 모르는 데는 나름대로 이유가 있었다. 내가 어린 시절 어머님은 고생을 많이 하셨다. 아버지는 술과 화투를 좋아하셔서 집안 살림을 그다지 신경쓰지 않았다. 물론 살림살이는 말할 것도 없이 가난했다. 그래서 어머님이 장사를 나섰다.

어린 시절이었지만 생생한 기억이 있다. 어머님은 큰 광주리를 머리에 이고 다니셨다. 그 안에는 감, 사과, 복숭아 같은 과일들이 가득 담겨 있었다. 그 무거운 것을 머리에 이고 수십 리 길을 걸어 다녔다.

때로는 장사를 나갔다가 너무 늦어서 집으로 돌아오지 못하는 경우도 있었다. 그럴 때면 어느 집이든 찾아들어가 장사하던 과일을 몇 개 주고, 밥을 얻어 드시곤 잠을 청하기도 했다. 그만큼 고생을 많이 하셨다.

어느 날, 고향 동네 감나무 밭에서 장사할 감을 따고 계셨다. 주인댁에서 어머님에게 특혜를 준 것이다.

"아주머니 마음대로 따서 장사하세요."

열심히 살기 위해 애쓰는 어머님이 안쓰러웠던 모양이다.

어머님은 나무에 올라가서 좋은 상품을 골라서 땄다. 그런데 그게 그만 독이 되고 말았다. 나무에 올라가서 감을 따던 중 어머님의 발이 썩은 나뭇가지를 밟았다.

"뚜둑~"

썩은 나뭇가지가 부러지면서 순간 어머니는 땅바닥으로 떨어지고 말았다. 그때 어머니는 만삭의 몸이셨지만 먹고살아야 하기에 나무에 올라가신 게다. 그 때문에 배 속에 있던 아이는 며칠 간 놀지 않았다. 아이가 죽었다고 생각한 부모님은 체념했다. 3~4일이 지나자 배 속 아이가 꼼지락거리기 시작했다.

그렇게 극적으로 태어난 아이는 형편없이 작았다. '이 애가 살까?' 싶어서 출생신고도 하지 않을 정도로 나약했다. 게다가 지나가던 스님이 "이 아이는 절에 입적을 해야 합니다. 그렇지 않으면 아홉 살 이전에 죽습니다"라고 했다고 한다. 그러니 포기한 것이나 다름없었다. 아이는 태어난 지 한 해가 지났지만 죽지 않았다. 그때서야 부랴부랴 출생신고를 했다. 그렇게 자란 아이가 바로 나다. 이렇게 자란 나는 말을 제대로 하지 못했던 모양이다. 그래서 초등학교도 남들보다 1년 늦게 입학하게 되었다. 얼마나 못났으면 그랬을까?

그런데 하나님은 그런 나를 설교하는 목사로 부르셨다. 설교나 교육이나 모두 말로 하는 사역이 아닌가? 더구나 대학교에서 강의도 하게 하셨다. 전도세미나와 가정세미나, 제직세미나도 하게 하셨다. 하나님은 이 정도로 대단한 분이시다. 말을 못해서 초등학교도 한 해 늦게 입학한 아이를 당신의 도구로 사용하시는 능력이 많으신 분이시다.

그러니 섣불리 판단할 필요는 없다. 절대 성급하게 "너는 안 돼!"라고 단정해서는 안 된다. 섣불리 포기시켜서도 안 된다. 한 사람의 인생을 망치는 일이다. 한 사람에게 가능성의 문을 닫아버리는 일이다. 하나님이 하시면 안 될 일이, 못하실 일이 없다.

부모 된 자가 해야 할 일이 있다. 아이들을 낙담시키지 않는 것이다. 아이가 실수하고 실패할지라도 기다려주는 것이다. 부모에게 큰 숙제는 기다림이다. 우리 자녀들은 넘어지면 일어서는 일을 배운다. 수없이 넘어지면서 걸음걸이를 배운다. 그런데 조급하게 굴어서는 안 된다. 일어설 수 있을 때까지, 걸을 때까지, 달릴 때까지 지긋하게 기다려주어야 한다. 다 때가 있는 법이니까.

사도 바울이 말하지 않았던가! "내게 능력 주시는 자 안에서 내가 모든 것을 할 수 있느니라"(빌 4:13). 하나님이 하시는데 안 된다고 할 필요는 없다. 하나님이 일하시는 데는 한계가 없으시다. 누구나 사용하실 수 있다. 어떤 상황에서도 가능성의 문은 열려 있다. 불가능은 인간에게 있는 것이지 하나님에게 해당되지 않는다. 우리 자녀들은 연약할 수 있다. 그러나 그들에게 아버지가 되신 하나님은 강하신 분이다. 우리 자녀들은 한계를 갖고 있다. 그러나 하늘 아버지는 한계가 없으시다. 그래서 중요한 것은 믿음의 문을 열어젖히는 일이다.

문제는 하나님이 함께하시지 않는 것이다. 하나님의 능력과 상관없이 우리의 힘으로 사는 일이다. 그러기에 우리의 인생을 하나님이 일하시도록 맡기는 게 중요하다. 자녀들에게 하나님과 함께하는 인생이 무엇인지를 가르쳐주어야 한다. 에녹과 같이 하나님과 동행하는 삶을 이야기해주어야 한다. 하나님의 능력을 빌어 사는 인생을 경험하도록 해주어야 한다. 자신이 주도하는 인생보다 하나님이 이끄시는 인생을 살도록 깨우쳐주어야 한다.

때때로 실망할 때가 있다. 하던 일이 잘 안 돼서, 성적이 잘 안 나와서 낙담할 때도 있다. 그럴 때마다 말해주어야 한다.

"하나님이 함께하시잖아. 힘내!"

하나님이 함께하시는 한 낙담할 필요가 없음을 알려주라. 하나님이 포기하시지 않는 한 포기할 필요가 없음도 가르쳐주라. "하나님이 함께하시니까 힘을 내"라고 용기를 북돋아주라. 이 일을 위해 하나님이 당신을 세상에 부모로 보내신 것이다. 부모의 역할 또한 하나님이 당신에게 부여하신 또 다른 당신의 소명이다.

C·H·A·P·T·E·R·5

정말 잘했어. 너무너무 기특해!

형규가 대학교 3학년 1학기 성적을 카톡에 올렸다. 중간고사를 제대로 치르지 못했다고 해서 은근히 걱정했었는데, 생각했던 것보다 성적이 더 잘 나왔다. 그러나 2학년 2학기보다는 조금 떨어졌다.

"수고했어, 아들. 지난번보다는 좀 내려갔지만 그래도 잘한 거지. 수고했어."

"공모전도 두 개나 도전하고 예사랑도 하다 보니 좀 그러네ㅎㅎ"

"알았어. 그것도 아주 잘한 거야^^"

인간에게는 원초적으로 인정받고 싶은 욕구가 있다. 누군가 나를 인정해줄 때 기분이 좋다. 힘이 생기고 살맛난다. 자신이 모르는 능력을 발휘하기도 한다. 잘했다는 말에 죽을지 살지 모르고 그 행동을 반복한다. 그래서 아이들은 때때로 인정받기 위해 엉뚱한 행동을 하기도 한다. 그러다 보니 인정받고 싶은 욕구가 채워지지 않으면 마음에 상처를 받고 병이 나기도 한다.

사람들은 칭찬에 굶주려 있다고 해도 과언이 아니다. 세상은 어떤가? 칭찬은 적고 책망과 지적은 난무한다. 사람들은 공격적이 되고, 공동체는 비난과 정죄로 병들어간다. 이런 현실에서 중요한 결단을 하나 해보면 어떨까? 무한 칭찬의 부모가 되기로. 만약 칭찬 리필을 즐길 수 있는 부모라면 존경받는 부모가 될 것이다. 분명히 장담하건대 그런 사람은 공동체에 윤활유와 같은 사람, 산소 같은 사람으로 살아갈 수 있을 것이다.

정말 자녀를 사랑하는가? 그렇다면 그 자녀를 칭찬하라. 그가 아무리 하찮은 일을 할지라도 결코 함부로 말하지 마라. 비록 지금은 보잘것없어 보일 수도 있다. 그러나 부모의 사랑만 신실하다면 언젠가 그는 보다 나은 사람으로 당당하게 설 것이다. "정말 잘했어. 나는 네가 자랑스럽다"는 말 한마디면 충분하다. 아이들의 마음은 부모의 인정과 칭찬을 들으며 커가는 법이니까.

넌 하는 일마다 어쩜 그렇게 잘하니

형규가 어린 시절이었다.

"형규야, 오랜만에 우리 청소 한 번 해볼까?"

"알았어."

아이는 시무룩한 목소리로 아빠가 하는 일을 돕기 위해 따라나섰다. 오랜만에 나는 집안 대청소를 하기로 했다. 아내를 도와주는 마음으로. 먼저 잡동사니로 싸인 베란다를 정리하기로 했다.

"형규야, 밖에 있는 박스 좀 갖다 줄래?"

"응. 이거?"

"그래. 고마워. 우리 형규는 참 착해. 엄마 아빠 도와주는 걸 이렇게 잘하니."

아이는 아빠의 칭찬이 좋은가 보다.

"아빠, 내가 청소기로 청소할래."

"그래? 청소기를 들고 다닐 수 있겠어? 무겁지 않을까?"

"괜찮아. 나 힘세~"

"그렇구나. 우리 아들이 벌써 이렇게 컸구나. 그럼 한 번 해봐."

아이는 신이 나서 청소기를 들고 이곳저곳을 청소했다.

"우리 아들은 하는 일마다 이렇게 잘하는구나. 역시 우리 아들이야."

부모라면 다 알고 있다. 아이들을 부려먹기가 그렇게 쉽지 않다는 사실을. 잔심부름을 시키려면 온갖 아양을 떨어야 하고, 선물 공세를 펴야 하며, 그것도 아니면 피 터져라 고함을 질러야 한다.

그런데 아이가 신나서 일하도록 만드는 비결이 있다. 아이의 기분을 돋우어주는 일이다. 아이의 마음을 흔쾌하게 해주는 것이다.

이것이 바로 칭찬요법이다. 칭찬이란 들으면 들을수록 좋다. 온종일 들어도 지겹지가 않은 게 칭찬이다.

이런 이야기도 있지 않은가! "칭찬을 받으면 바보도 천재로 바뀐다." 사실 좀 과장된 표현이라 생각될지 모르지만 이건 경험을 통해 나오는 말이다. 아이들을 칭찬해본 부모는 공감할 것이다. 칭찬은 아이들 속에 잠재된 능력을 발휘하게 해준다는 것을. 아이들을 자신의 능력 그 이상으로 살게 해준다. 그렇다. 칭찬은 아이들을 천재로 만들 수 있다.

게스(Guess)의 창업주인 폴 마르시아노는 "1분 동안 칭찬을 해주면 직원들은 100분 동안 자기주도적으로 일한다"라고 말했다. 그러고 보면 칭찬은 아주 수익률 좋은 투자인 셈이다. 그것도 돈이 안 드는 투자. 돈도 안 드는 투자를 하지 못한다면 그것은 바보 같은 짓 아닌가?

칭찬은 마음을 성장시키는 영양제와 같다. 아이들에게 칭찬이라는 영양제를 많이 주면 아이들의 마음은 아름다워진다. 풍요로워진다. 감성이 풍부해진다. 아이들의 마음 농사를 잘 지으려면 칭찬을 아끼지 말아야 한다.

언젠가 어느 교회에서 4일간 제직세미나를 했다. 첫째 날, 어떤 권사님이 간식으로 과일을 준비하고 계셨다. 인사를 나눈 나는 칭찬요법을 사용했다.

"권사님, 과일을 이렇게 맵시 나게 준비하셨어요? 너무 정갈하게 준비하셨네요. 감사합니다.."

"아~ 뭘요. 고맙습니다."

사실은 그 정도로 칭찬할 만한 건 아니었다. 그러나 보는 관점에 따라, 느끼는 마음에 따라 평가는 다를 수 있지 않은가? 나는 느끼는 대로 감사한 마음에 한껏 긍정적인 평가를 해준 것뿐이다.

그 다음날부터 간식이 어땠을까? 더 좋은 과일이 나왔고, 더 예쁘게 장식되어 있었다. 돈 안 드는 칭찬 한마디로 사람의 마음을 그렇게 움직일 수 있는 것이다.

부모는 칭찬으로 아이들이 하는 일에 동기부여를 시켜주어야 한다. 아이들은 동기부여만 되면 신나서 물불을 안 가리고 한다. 청소할 때 칭찬해줘 보라. 그러면 아이들은 더 칭찬을 받기 위해 정신없이 청소할 것이다.

아이들이 무엇인가 할 때 미숙할 때가 있다. 아니, 아직 성장하는 시기니까 미숙한 게 당연하다. 어른들 수준으로 해주기를 기대하는 건 무리가 아닌가? 어설퍼서 실수도 하고 그렇게 배워나가는 것 아닌가? 우리도 다 그런 시기를 지나왔다.

그런데 아이들의 서투른 처리에 부모들은 화가 나서 내뱉는다.

"네가 하는 일마다 그렇지 뭐. 넌 뭐 하나 잘하는 구석이 있었니?"

이런 말을 듣는 순간, 아이의 마음은 상처를 받는다. 하던 일도 그만 두고 싶어진다. 잘하던 일도 하고 싶은 마음이 사라진다. 주눅이 들 뿐이다. 어리석은 부모다. 부모부터 제대로 교육을 받아야 한다. 칭찬 교육을, 말하는 훈련을.

이렇게 말해줄 수는 없을까?

“얘, 이 정도면 굉장히 잘한 거야. 아빠가 어렸을 때는 이런 것도 잘 못했어. 그런데 넌 봐. 얼마나 잘했니? 역시 우리 아들이야.”

부모들이 기억할 말이 있다.

“칭찬하면 칭찬받을 일을 하고, 비난하면 비난받을 짓을 한다. 사람을 바꾸는 유일한 방법은 칭찬밖에 없다.”

자녀들이 칭찬받는 아이로 자라길 원하는가? 그렇다면 부모가 아이들에게 칭찬을 아끼지 말아야 한다. 비난받고 책망받고 지적받으면서 자란 아이는 비뚤어진 성격의 소유자가 될 가능성이 높다. 세상을 부정적이고 비관적으로 볼 가능성이 크다. 자신감을 상실하게 된다. 자존감이 떨어진다. 그러니 일을 주도적이고 능동적으로 처리하기 어렵다.

부모가 보기에 좀 어설프게 처리했을지라도 칭찬해주어야 한다. 마음에 안 들어도 칭찬을 받다 보면 더 잘하기 위해 애쓸 것이다. 때로는 무리하지 않은 과장을 할 필요도 있다. 부모의 눈높이를 낮출 필요가 있다. 아이들 수준에서 봐주고, 가능하면 긍정적으로 평가해서 칭찬으로 마감해보라. 아이들이 변하는 모습을 보게 될 것이다.

예쁜 우리 딸, 어쩜 말도 예쁘게 할까

"엄마, 오늘 친구 생일잔치에 갈 거야."

"그래? 그럼 선물이라도 해야지."

"다 준비했어."

"그래? 뭘 준비했는데?"

"그동안 조금씩 모은 돈으로 선물 샀어. 그리고 편지도 썼고."

"그랬구나. 역시 우리 딸은 달라. 알아서 척척 잘한다니까."

"이까짓 것 갖고 뭘 그래. 다 엄마한테 배운 건데."

"어쩜 말도 그렇게 예쁘게 잘하니?"

"엄마 닮아서 그렇지."

요즘 아이들 입에서 나오는 말을 듣고 있노라면 깜짝깜짝 놀랄 때가 있다. 어떻게 아이 입에서 저런 말이 나올 수 있을까 하는 의구심이 든다. 입에 담을 수 없는 욕설을 하고, 어른들도 잘하지 않는 거친 말들을 쏟아낸다. 그래서 미래가 걱정스럽다.

우리 아이들이 어렸을 때 집에서 전혀 사용하지 않던 말들을 때때로 사용해서 당혹스러운 적이 몇 번 있었다.

"얘들아, 집에서 그런 표현을 한 적이 없는데 어떻게 그런 말을 배웠니?"

사실 아이들은 집에서 들어보지도 못한 표현을 밖에서 너무 친숙하게 접한다. 친구들과 함께 있으면 별의별 말들이 다 사용되고 있으니 자신도 모르는 사이에 물들게 되는 것이다. 그래서 부모들을 놀라게 한다.

말은 나도 모르는 사이에 배우고 물든다. 아이들에겐 좋은 경험이 소중하다. 부모는 아이들에게 좋은 말을 경험하게 해야 한다. 그런데 가정에서 난폭하고 폭력적인 표현들이 오가는 경우가 있다.

다소 과장된 표현이긴 하지만 웃자고 하는 이야기가 있다.

호기심이 아주 많은 한 아이가 있었다.

어느 날, 엄마와 아빠가 부부싸움을 하고 있었다. 분위기가 험악해지면서 아빠가 엄마에게 말했다.

"미친년!"

옆에서 듣고 있던 아이가 아빠에게 물었다.

"아빠, 미친년이 뭐야?"

아빠가 민망한 듯이 말했다.

"그건 여자란 뜻이야."

얼마 후에 엄마 아빠가 또다시 싸웠다. 이번에는 엄마가 아빠에게 말했다.

"미친놈!"

궁금해진 아이가 다시 엄마에게 물었다.

"엄마, 미친놈이 뭐야?"

엄마가 대답했다.

"그건 남자란 뜻이야."

그러자 그 옆에서 듣고 있던 할머니가 말했다.

"문디들, 지랄하고 있네!"

할머니의 말을 듣고 있던 아이가 궁금해서 또다시 물었다.

"할머니, 지랄하는 게 뭐야?"

그러자 할머니가 손자에게 대답했다.

"그건 기도한다는 거란다."

어느덧 20년의 세월이 훌쩍 지났다. 그 아이가 신부가 되었다. 어느 날 신부가 신도들에게 말했다.

"자, 여러분! 이제 지랄할 시간입니다. 미친년은 왼쪽에 앉고, 미친놈은 오른쪽에 앉아 우리 함께 지랄합시다."

집안에서 이루어지는 모든 말은 아이들에게 그대로 유산으로 물려진다는 사실을 잊지 말아야 한다. 아이들은 보고 들은 대로 흡수한다. 경험한 대로 살아간다. 아이들 삶의 질은 부모가 어느 정도 결정한다고 해도 과언이 아니다. 그러기에 함부로 말해서는 안 된다. 마음대로 살아서도 안 된다. 자녀들의 인생을 망치고, 자녀들이 성장해서 그렇게 할 것이기 때문에.

사춘기에 접어든 아이들은 멋을 부리느라 정신없다. 해야 할 공부는 안 하고, 안 부려도 될 멋은 어지간히 부린다. 부모로서는 속상한 일이다. 멋부리는 시간에 공부라도 좀 더 하면 얼마나 좋을까! 부모의 바람일 뿐이지만.

우리 집 세 아이는 참 다르다.

첫째 딸은 멋을 너무 안 부린다. 그래서 멋을 좀 부리라고 하는 게 우리 부부의 주문이다. 외모에 별 관심이 없는 것 같다. 물론 본인은 그렇지 않겠지만.

둘째 아들은 외출 준비를 하자면 이 옷도 입어보고 저 옷도 입어보며 야단법석이다.

"아들, 남자가 웬 멋을 그렇게 부리니? 사람은 외모보다 내면과 실력이 중요해."

그러나 귀에 들려오겠는가? 화장실을 들락날락하고 정신이 없다. 그렇게 한 40분 정도는 족히 준비하는 것 같다.

셋째 딸은 현대 무용을 하는 아이다. 그러니 온갖 멋과 맵시를 다 부린다. 날씬한 몸매이니 어떤 옷이나 다 잘 어울리는 편이다. 옷을 얼마나 사 나르는지 모른다. 화장을 하고 향수도 뿌리며 한껏 멋을 부린다.

"어휴~ 저 녀석을 어떻게 하나?"

물론 그렇게 외모에 신경을 쓰는 만큼 공부에도 신경을 써주면 얼마나 감사하겠는가? 그런데 공부와는 담을 쌓은 것 같다.

나는 솔직히 고백한다. 사실 멋부리는 아이들의 외모에 대해서 칭찬을 해주지 못했다. 그들의 존재에 대해서는 늘 "예쁘다, 최고야, 소중하다"라고 표현해주었지만 멋부릴 때면 칭찬을 해주지 못한 게 사실이다. 했다면 가끔씩 던지는 "넌 안 꾸며도 예쁘거든"이라는 말 정도였다.

지금부터라도 전략을 바꾸어야겠다. 돈 안 드는 칭찬요법으로.

"혜린이는 안 꾸며도 예쁜데 조금만 더 꾸미면 얼마나 예쁠까? 아마 눈이 부실거야."

"형규야, 넌 역시 매력 있는 남자야. 너한테는 사람들이 반하지 않을 수 없을 거야."

"막내야, 넌 맵시도 예쁜데 그렇게 가꾸니 너무너무 예뻐서 큰일 났다."

기회를 봐서 그렇게 해야겠다. 이미 청년이 다 된 아이들이지만.

이야, 되게 잘했다. 역시 내 딸이야

"이 그림 누가 그린거야?"

뻔히 알고 있는 것이지만 엄마는 딸에게 물었다.

"내가 그렸어."

"사랑하는 딸, 넌 어쩜 그림도 잘 그리니?"

"……."

"넌 앞으로 그림을 그려도 멋진 화가가 될 수 있을 거야."

"그럼 나 화가가 될까?"

"좋~지~ 열심히 노력해봐."

물론 화가가 될 만큼 멋진 그림을 그린 건 아니었다. 세월이 흘러 또 다른 꿈을 꾸며 살겠지. 엄마는 그걸 다 알고 있다. 그러나 딸에게 자신감과 자긍심을 불어넣어주기 위해 칭찬을 했다. 엄마의 칭찬을 듣고 자라는 딸은 매사에 자신감 있는 사람으로 자랄 것이다.

사람은 누구나 잘하는 게 있다. 아무리 못난 사람도 나름대로 잘하는 게 있다. 자녀를 칭찬할 때 장점을 찾아 칭찬해주어야 한다. 대단한 장점이어서 칭찬한다고 생각할 필요는 없다. 계산에 좀 빠른 아이라면 앞으로 수학을 잘할 수 있는 가능성을 보고 칭찬해주면 된다. 운동에 취미가 있는 아이라면 훌륭한 운동선수가 될 자질이 있다고 인정해주고 자랑해주면 된다.

자녀들을 칭찬하지 못하는 이유는 대단한 것만 장점이라고 생각하기 때문이다. 대단하지 않으면 어떤가? 인생은 절대적인 것만 존재하는 게 아니다. 최고여야만 한다고 생각할 필요는 없다. 나는 아이들에게 최고를 가르치기보다 최선을 가르치려고 애쓴다. 최고의 사람은 한두 명밖에 없으나 최선의 사람은 얼마든지 많을 수 있다. 최고만 되라고 하니 아이들이 병들어간다. 그러니 최선을 다하는 사람이 되라고 하면 아이들은 인생을 즐기면서 살 수 있지 않을까?

어느 날, 퇴근하니 세린이가 싱가포르에서 집에 와 있었다. 직장을 새로운 곳으로 옮기면서 비자를 발급받아야 하기 때문에. 오랜만에 함께 저녁식사를 하게 되었다. 아내가 닭볶음탕과 닭발을 준비했다.

"세린이 왔다고 준비한 거야."

"혜린이 언니도 닭발을 좋아하는데 못 사 먹는대. 요즘은 고기를 좀 먹기 시작하나 봐. 나는 먹고 싶으면 웬만하면 다 사 먹고 보는데. 먹는 게 얼마나 행복한데. 나는 맛있는 음식을 먹으면 감동이 돼. 내가 음식을 해놓고도 내가 깜짝 놀랄 때가 있다니까."

"그렇구나. 우리 막내가 그렇게 음식을 잘하는구나. 근데 하나님의 은혜에 감동돼야지, 먹는 데 감동이 되냐?"

우린 한바탕 웃으며 식사했다.

다시 한 번 부탁하건대 아이들이 갖고 있는 가능성을 보고 칭찬해주기로 하자. 가능성은 완벽이 아니다. 가능성 그 자체이다. 10%의 가능성일 수도 있고, 50%의 가능성일 수도 있다. 꼭 100%의 가능성이 아니어도 괜찮다.

「칭찬 심리학 : 사랑받는 자신을 만드는 기분 좋은 한마디」의 저자 나이토 요시히토, 그는 중학교 2학년 때까지 공부를 전혀 하지 않았다. 그런데 그는 변해 있었다. '공부를 무척 좋아하는 사람'으로. 도대체 어떻게 해서? 거기에는 비밀이 숨어 있었다. 초등학교 때부터 10년 동안 해준 어머니의 칭찬 덕분이란다. 그의 어머니는 아들을 향해 늘 칭찬을 아끼지 않았다.

"너는 호기심이 강한 아이니까 틀림없이 공부가 너무 재미있어서 못 참는 사람이 될 거야."

그런 칭찬의 영향으로 변해 있는 자신을 발견한 저자는 확신을 갖고 말한다.

"칭찬에 관해서는 어떤 거짓말도 다 좋은 거짓말이 된다."

좋은 부모가 되려면 적어도 칭찬의 달변가가 될 법하다. 칭찬은 고래도 춤추게 한다고 하지 않던가? 칭찬의 위력은 구태여 더 이상 기술할 필요가 없을 것 같다. 칭찬은 한 사람의 삶 속에서 무의식중에 작용한다. 자신도 모르는 사이에 행동의 변화를 가져온다. 그래서 칭찬에 인색할 필요가 없다. 칭찬에 인색한 부모는 자식을 주눅들게 하고 결국 망쳐놓는다. 그러나 칭찬에 후한 부모는 별 볼일 없어 보이는 자식을 멋지고 화려하게 변화시킨다.

대부분의 부모들은 아이들에게 결과에 대해서만 칭찬하려 든다. 좋은 결과가 나오지 않았을 때는 지적과 책망을 하게 된다.

"넌 언제나 왜 그 모양이니? 옆집 애는 1등했다고 하더라."

사실이지 아이들은 좋은 결과를 낼 때보다 기대만큼 못 미칠 경우가 더 많다. 결과에 목매는 부모들은 허구한 날 자녀들을 들들 볶아댄다. 마구 책망하고 지적한다. 그 속에서 아이들은 더 지쳐가고 더 실망한다. 당부하고 싶다. 결과보다 과정을 칭찬하라고.

"어려운 상황에서 열심히 하더니 결국 해냈구나. 정말 축하해. 너 정도의 노력이면 해낼 줄 알았어!"

아니, 어떤 때는 만족스럽게 해내지 못해서 속상할 때도 있을 것이다. 그래도 칭찬해야 한다.

"일이 이렇게 돼서 속상하니? 괜찮아. 사람은 잘할 때도 있지만 그렇지 못할 때도 있는 거야. 그래도 아빠가 보기에 넌 최선을 다했어. 아빠는 그것으로도 만족해. 네가 최선을 다하는 모습을 보여줬으니까. 우리 딸 정말 장하다. 마지막까지 열심히 노력해줘서."

부모가 아이들의 과정을 칭찬하다 보면 아이들은 점점 노력하는 사람으로 변해간다. 물론 다른 사람과 비교할 것도 없다. 그가 노력한 수고를 격려하고 칭찬해주면 그만이다.

대부분의 부모들은 아이들을 자꾸 경쟁구도 속으로 몰아넣는다. 어릴 적부터 비교의식에 물든 아이들이 앞으로 어떻게 살까를 생각해보라. 끔찍하지 않겠는가? 아이가 100점을 맞아왔다. 어떻게 했는가? 혹시 당신은 이렇게 묻지 않았는가?

"이번 시험은 쉬웠나보지, 몇 명이나 100점을 받았어?"

그 순간 아이는 엄마의 얼굴을 보기 싫어진다. 최선을 다해서 노력한 결과가 무색해지는 느낌이다. 엄마의 지나친 기대를 만족시킬 수 없는 자신이 원망스럽다. 그러니 세상을 보는 눈이 예쁠 수가 있겠는가!

우리 아들은 인사성도 어쩜 그렇게 바를까

"형규야, 교회 권사님들이 너를 많이 칭찬하시더라."

"왜?"

"네가 너무너무 예쁘대."

"왜?"

"생긴 것도 잘 생겼는데 인사를 그렇게 잘한다며?"

"뭘, 그냥 마주치는 어른들께 인사하는데~"

"그래. 그게 잘하는 거야. 요즘 아이들은 어른을 봐도 인사를 잘 하지 않거든."

"맞아. 친구들을 보면 그래."

"역시 넌 목회자의 아들이야. 네가 인사를 잘하니까 아빠도 얼마나 좋은지 몰라. 고맙다, 아들!"

대학생이 된 지금도 형규는 인사성이 바른 편이다. 아빠의 칭찬에 부응하는 아이가 되기 위해 더 노력하는 모습도 보인다. 그것이 바로 피그말리온 효과이다. 기대하고 칭찬하는 만큼 아이들은 성장하게 된다.

우리가 어린 시절에는 어른을 보면 무조건 인사했다.

"안녕히 주무셨어요? 진지 드셨어요?"

그런데 요즘 아이들은 인사성이 너무 없다. 그래서 교회에서 학생들을 볼 때면 웃으면서 당부하곤 한다.

"교회에서 어른을 뵈면 먼저 인사해야지."

사실 어른들은 인사성이 바른 아이를 좋아한다. 아이들을 평가하는 잣대가 지나치게 단순하다. '인사성이 있느냐, 없느냐!'

막내 세린이는 한술 더 뜬다. 배꼽인사를 하는 모습을 보면 아빠가 봐도 예쁘다. 밝게 웃는 모습으로 고개를 푹 숙여서 인사하는 모습은 자랑할 만하다.

"세린아, 넌 참 예쁘게 인사한다. 네가 그렇게 인사하니 사람들이 굉장히 흐뭇해하지."

청년이 된 지금도 인사하는 모습이 참으로 예쁘다.

요즘 청소년을 가리켜서 '개념 없는 아이들'이라는 표현을 많이 쓴다. 나는 그들을 가리켜서 '럭비공 같은 아이들'이라고 말하곤 한다. 사실 어디로 튈지 종잡을 수 없는 아이들이다. 요즘 청소년들은 자유인이다. 가정에서도, 학교에서도, 사회에서도 아무도 건드리려고 하지 않으니까.

길을 가다가도, 공원에서도 말을 걸기 힘든 아이들의 모습을 자주본다. 더구나 우리 동네에서는 아주 흔한 모습이다. 공원에서 담배를 피우는 아이들, 듣기도 민망한 거친 욕설을 마구 퍼붓는 아이들, 어린아이를 두들겨 패는 아이들. 그런데 걱정스러운 건 이런 아이들을 보면서도 타이를 생각조차 하지 못하고, 횡 하니 지나치는 어른들이다. 사실이 그렇다. 아니, 괜히 간섭했다가 무슨 봉변을 당하려고? 결국 요즘 아이들에게서 예의는 찾아보기 힘들게 되었다. 동방예의지국이라는 말은 추억어린 옛말이 되고 만 것이다.

나는 교회 안에서 예의 없는 아이들에게 가끔 칭찬요법을 사용하곤 한다. 인사하지 않는 아이에게 내가 먼저 인사를 한다. 그리고 인사를 하면 그 아이를 칭찬해준다.

"이야, 인사를 그렇게 예쁘게 하니까 정말 멋진데! 다음부터 목사님이랑 인사하고 지내자."

다음에 만나면 미안해서라도 아이가 먼저 인사를 하게 된다. 인사하지 않는다고 지적하고 책망하면 그 아이는 어른들을 피하게 될 것이다. 그 아이들이 피하지 않도록 유도할 필요가 있다. 그게 바로 칭찬요법이다.

무관심이 최대의 적이다. 관심만 가져보라. 칭찬하지 못할 게 뭐가 있겠는가? 칭찬하지 못하는 것은 결국 우리에게 사람에 대한 관심이 부족하다는 뜻이다. "칭찬은 결코 배신하지 않는다"는 말이 있다. 칭찬은 우리 아이들의 미래를 바꾸어 놓는다. 마음에 안 드는 아이라도 칭찬하게 되면 우리가 모르는 사이 마음에 드는 아이로 바뀌어 있는 걸 발견하게 된다.

칭찬하며 살자고 하면 어떤 이는 말한다.

"나는 낯간지러운 그런 소릴 잘 못해."

칭찬이 낯간지러운 소리라고? 그건 낯간지러운 게 아니다. 너무나 위대한 언어이다. 효과만점 언어이다. 이런 말은 될 수 있는 대로 남발할수록 좋다.

사실 알고 보면 칭찬은 습관이다. 습관이 되지 않은 사람은 칭찬하는 게 너무나 어색하고 힘들다. 나는 세미나에 가서 자주 칭찬 실습을 한다. 그런데 놀라운 걸 발견한다. 옆 사람에게 칭찬을 해주라고 한 후에 시간을 재본다. 얼마나 흘렀을까? 놀라지 마라. 30초를 넘기는 사람이 별로 없다. 대부분 15초나 20초면 끝나버린다. 더는 칭찬할 말이 없다. 그만큼 우리는 칭찬에 인색한 존재이다.

"목사님, 형규를 보면 자랑스럽겠어요."

"무슨 말이에요?"

"형규가 너무 믿음이 좋은 청년으로 자랐어요."

"뭘요~"

"형규가 찬양 인도하는 모습을 보면 너무너무 예뻐요."

"그렇게 과찬해주셔서 감사합니다. 아직 많이 부족한데…."

나도 형규를 보면서 칭찬해준다.

"우리 아들, 어떻게 이렇게 대견하게 자랐니?"

"무슨 말이야?"

"네가 이렇게 믿음으로 자란 걸 보면 아빠는 너무 흐뭇해."

"뭘~"

"아니야, 성도들이 널 많이 칭찬하더라. 찬양 인도하는 모습도 너무너무 예쁘대. 고맙다, 아들. 자랑스럽다, 우리 형규."

자녀들의 믿음을 자랑해보라. 때때로 부모가 보기에는 좀 어설퍼도, 연약함이 있어도, 때로는 걱정이 앞설지라도 비난하고 책망하기보다 칭찬해줘 보라. 더 분발할 것이다. 더 노력할 것이다. 부모의 칭찬을 듣고 자란 자녀의 믿음은 놀랍도록 더 성장하게 될 것이다. 칭찬받는 자녀는 다른 사람들에게도 칭찬받는 믿음의 아이로 자라게 될 것이다.

C·H·A·P·T·E·R·6

오늘 뭐했어?
힘든 일은 없었어?

오늘 힘든 일은 없었어?

자녀에게 가장 필요한 영양제는 사랑이다. 사랑을 충분히 먹고 자란 아이는 자신감이 넘치나, 사랑을 받지 못하고 자란 아이는 애정결핍 증세를 보인다. 정서가 불안정하고 사람들의 관심을 끌기 위한 엉뚱한 행동을 저지르기도 한다.

사랑은 관심이다. 부모는 자녀에게 관심으로 사랑을 느끼게 해주어야 한다. 아이들이 어릴수록 세심한 부모의 관심과 돌봄이 필요하다. 섬세한 부모의 관심은 자녀를 건강하게 자라게 한다. 세심한 관심과 돌봄이 없을 때 아이들은 육체적, 심리적인 장애를 갖게 된다.

어느 날, 저녁 7시 30분쯤 혜린이가 집에 왔다. 들어오는데 얼굴이 어둡고 말이 없었다. 우리 부부는 늘 그렇듯이 딸 기분만 살폈다.

"혜린아, 무슨 기분 안 좋은 일이 있니?"

"아니."

고기를 구워먹더니 아무 말 없이 자기 방에 들어갔다.

잠시 후 아내가 혜린이에게 물었다.

"혜린아, 직장에서 무슨 일 있었어?"

나도 뒤따라가서 눈치를 보며 물었다.

"딸, 직장에서 기분 나쁜 일 있었나?"

"아니, 피곤해서 그래."

"그랬구나. 우린 무슨 일이 있었나 싶어서. 그만 쉬어."

부모는 자식 앞에서 늘 죄인이고 피해자가 되는 것 같다. 이렇게 자식의 눈치를 봐야하고 기분을 맞추려고 애쓰니 말이다.

사람들이 가진 가장 무서운 무기는 바로 무관심이다. 공격보다 더 무서운 건 아예 무관심해버리는 일이다. 관심을 끊어버리면 기대할 것도, 바랄 것도 없다. 그것이 바로 지옥이다. 부모들은 '보이는 관심' 뿐만 아니라 '보이지 않는 관심' 도 볼 수 있어야 한다.

그래서 누군가 말했다. "관심은 받아도 받아도 모자라다." 인간은 채워지지 않는 관심의 공허를 품고 있다. 그 통제되지 않는 욕심이 문제가 되기도 하지만 사랑의 관심이 채워지지 않음으로 인한 아픔도 결코 무시할 수 없다.

아이들은 말한다. "우리는 돈만으로는 충분하지 않아요." 사람은 사랑의 관심을 먹고산다. 사람의 마음을 움직이는 건 돈이 아니라 바로 관심이다. 부모는 자녀들에게 단순히 돈을 주는 것으로 만족해서는 안 된다. 더 중요한 걸 공급해주어야 한다.

요즘 무슨 고민이 있나 보구나

언제부턴가 아이가 시무룩해 보였다. 왠지 기죽어 있었다. 도무지 생기와 활기를 찾아볼 수 없었다.

"딸, 어디 아프니? 왜 그렇게 힘이 없어?"

"아니."

"그럼 무슨 고민이 있나 보구나? 무슨 일인데?"

"아무것도 아니야."

"엄마가 너하고 같이 고민하면 안 될까? 네가 힘들어하는 것을 함께 나누면 좋겠는데."

"실은…."

"그래 말해봐. 엄마가 큰 힘은 안 될지 몰라도 네 아픔과 힘든 일은 함께 고민할 수 있어."

부모 입장에서 보면 자녀는 고민할 게 없다고 생각한다. 다 먹여주고 입혀주고 용돈까지 주니 공부나 열심히 하면 된다고 생각한다. 그러나 그렇지 않다. 그래서도 안 된다. 사실 고민이 없다는 것은 생각이 없다는 뜻이다.

너무 잘 알고 있는 사실이지만 인생은 고민의 연속이다. 나이에 따른 고민거리가 있다.

"엄마 아빠가 진짜 내 엄마 아빠가 맞아?"

"왜 우린 이런 동네에서 살아야 하는데?"

"왜 언니한테는 큰 걸 주고, 나한테는 이렇게 작은 걸 주는데?"

"내 눈은 왜 이렇게 작은 거야? 이제 키가 더 안 크는 건 아닐까?"

"그 친구가 왜 나한테는 관심을 보이지 않는 거야? 날 싫어하는 건 아냐?"

부모는 아이들의 고민에 늘 관심을 가져야 한다. 고민하는 아이를 내팽개쳐 둬서는 안 된다. 물론 어른의 눈으로 보면 유치하고 우스꽝스러운 고민일 수 있다. 그러나 그 시기에 있는 아이들에게는 심각한 고민이 아닐 수 없다. 성숙해지려면 그 고민에 부딪혀서 갈등하고 하나하나 해결해 나가는 방법을 배워야 한다.

"병태야, 졸업하고 대구에 가서 돈을 벌었으면 좋겠다."

어느 날 느닷없이 어머님이 하신 말씀이다. '초등학교 졸업을 앞둔 나에게 중학교를 포기하라니, 도대체 왜?' 가난해서 중학교를 갈 형편이 아니었기 때문이다.

내가 초등학교 5학년 때 아버지가 세상을 떠나셨다. 가난을 유산으로 물려준 채, 빚만 남겨 두신 채. 7남매 가운데 여섯 번째인 나는 빚 걱정을 한 건 아니다. 그건 어머님과 형들의 몫이니까.

그런데 빚으로 인한 불이익은 당할 수밖에 없었다. 가난으로 인한 피해는 피할 수가 없었다. 그것이 바로 중학교 진학 포기였다. 가난 때문에 다른 아이들처럼 노는 즐거움을 포기하는 건 큰 문제가 아니었다. 다른 아이들이 공부할 때 나는 들에 나가서 일해야 하는 고달픔쯤은 감수할 수 있었다. 그러나 초등학교에서 멈춰야 하는 슬픔은 어린 나이였지만 견디기 힘든 고통이었다.

그 시기 나에게는 공장에 일하러 가야 하는 것이 고민이었고, 중학교를 다니지 못하는 현실이 고민이었다. 그 고민은 둘째 형의 도움과 개입으로 해결되었다. 가난 때문에 초등학교를 졸업하고 공사판에 뛰어들었던 형은 이미 내 아픔을 다 겪었다. 공부하고 싶은데 공부하지 못하는 아픔과 상처가 어떤 것인지를 너무나 잘 알고 있었다. 낮에는 공사판에서 일하고, 밤에는 혼자서 공부한다는 게 얼마나 어려운 일인지를 몸소 체험했던 것이다. "공부는 할 때 해야 한다"는 사실을 뼈저리게 느꼈던 터였다. 그래서 형이 어머니에게 부탁했다.

"어머니, 남자로서 막내인데 중학교라도 보내시죠. 제가 어떻게 해서라도 학비를 마련하겠습니다."

대책이 없던 어머니로서는 무엇이라 할 말이 없었다. 초등학교 6학년 시절의 내 고민은 그렇게 해결되었다. 내 고민을 이미 경험해 본 형이 관심을 보여주었기 때문에.

얘기가 나왔으니 내가 고민했던 이야기를 또 하나 해볼까 한다.

형의 도움으로 중학교를 진학한 나는 고등학교는 아예 생각조차 할 수 없었다. 중학교까지만이 내가 걸어갈 길이었다. 고등학교 진학을 포기한 나는 그럭저럭 공부하는 정도였다.

그러다가 중학교 3학년 때 외압에 못 이겨 반장이 되었다. 그날 밤 나는 둘째 형과 어머니를 모시고 담판을 지었다.

"반장이 되었는데 본이 되어야 할 것 같아서 공부를 하고 싶습니다. 만약 고등학교를 보내준다면 지금이라도 열심히 공부해 보겠습니다."

어머님은 아무 말씀이 없으셨다. 그때 형이 무겁게 입을 열었다.

"만약 네가 대구로 갈 수 있다면 내가 어떻게 해서라도 밀어주겠다."

시골에서 대구로 고등학교를 진학한다는 것은 쉬운 일이 아니었지만 나에게 희망이 생겼다. 그래서 주저 없이 대답했다.

"알았어요. 어떻게 해서라도 대구로 나갈게요."

그날 이후 기를 쓰고 공부했다. 무더운 날에도 수건에 물을 적셔 가면서 그렇게 성적을 올렸다. 진학할 때쯤 되니 두 가지 고민이 생겼다. 하나는 가난한 살림이다 보니 담임선생님은 돈이 들어가지 않는 공업고등학교를 가라고 권했다. 그 학교를 가면 기숙사에 등록금까지 해결되기 때문이다. 그런데 나는 기계에는 별로 관심이 없었다.

또 다른 고민은 인문계를 진학하려니 대구에 아는 사람이 없었다. 자취를 해야 하는 형편이었다. 자취를 하면서 공부한다는 게 경제적으로 쉽지 않은 형편이었다. 나는 그 고민을 두 살 위인 누나와 편지로 나누었다. 누나는 초등학교를 졸업하고 서울에서 식모살이를 하고 있었다. 공부하지 못한 아픔을 뼈저리게 느꼈던 누나가 큰 결심을 해주었다.

"내가 대구로 내려가서 네 뒷바라지를 해줄게."

결국 내 고민은 이렇게 해결되었다. 동생을 위해 희생하기로 한 누나의 도움으로. 누나는 연고도 없는 대구로 내려왔다. 기술이 없다 보니 할 일이 그리 많지는 않았다. 결국 누나는 버스 안내양을 하게 되었다. 내가 고등학교를 졸업할 때까지 누나는 그 직업에 몸담았다.

부모는 자녀가 갖고 있는 고민을 볼 수 있어야 한다. 그 고민을 보려면 아이들과 눈높이를 맞춰야 한다. 눈높이를 맞추지 않으면 아이들이 무슨 생각을 하는지, 뭐 때문에 힘들어하는지 전혀 알 수가 없다. 그리고 끊임없이 질문을 던져야 한다.

"요즘 뭘 고민하니? 내가 도와줄 건 없어?"

공부하는데 힘든 게 뭐야

"혜린아, 요즘 힘들지?"

"응~"

"아마 지금이 가장 힘든 때일 거야."

"……."

"조금만 참고 열심히 하자. 그렇게 길지 않으니까 금방 지나갈 거야."

"빨리 후딱 지나갔으면 좋겠어."

"요즘 가장 힘든 게 뭐니?"

"그냥 마음이 그래. 몸도 지치고, 공부할 분위기도 아니고."

"그래, 맞아. 지금쯤이면 모두가 지칠 때지. 그런데 이 시기가 가장 중요한 시기란다. 이 고비만 넘기면 좋은 일이 있을 거야."

아빠와 대화를 나누는 짧은 시간에 아이의 눈에는 이슬이 맺혔다. 그만큼 힘들다는 사인이겠지.

큰딸이 대학을 준비할 때였다. 학원을 갔다 오면 저녁 11시 반쯤 되었다. 전철을 타고 집으로 들어서는 아이는 이미 파김치가 되어 있었다. 보기가 안쓰러웠다. 사실 나는 새벽기도를 가야 하니 잠이 들어 있어야 할 시간이었다. 그런데 그렇게 할 수가 없었다. 전철역에서 집까지 걸어오는데 20분쯤 걸린다. 그 무거운 발걸음을 옮길 딸을 생각하니 너무 불쌍한 마음이 들었다.

더구나 8월쯤 되면 지칠 대로 지칠 때가 아닌가? 체력도 딸리고 마음도 지칠 때다. 문득문득 포기하고 싶은 마음도 일어날 때다. 이 때 힘이 되어주고 싶었다. 힘들고 고달픈 것을 함께 나누고 싶었다. 그래서 잠을 포기하고 역으로 달려가서 딸이 나올 때까지 기다렸다.

바로 그날도 딸아이의 어깨가 축 처져 있었다. 아빠가 안 나왔으면 어떻게 했을꼬?

부모는 아이들의 공부에 관심을 가져야 한다. 물론 "당연한 얘기를 왜 자꾸 해!"라고 대꾸할 수도 있다. 그러나 내가 말하고 싶은 것은 "공부해라, 공부해라"고 억압적인 관심을 이야기하는 게 아니다. 아이들의 마음을 알아주고, 아이들의 갈등과 고민에 관심을 가지라는 뜻이다.

아이들이 공부에 지치는 일은 대학에 진학을 하던 재수를 하던 간에 아이만의 문제는 아니다. 대학 진학은 유치원 때부터 시작되는 전쟁이다. 아니, 극성스러운 부모들은 그전부터 전쟁에 뛰어든다. 사설 유치원에 보내기 위해서 전쟁을 치른다. 고액의 영어학원에 보내기도 한다.

초등학교를 들어가서는 학교 수업을 마치면 진짜 수업이 시작된다. 이 학원 저 학원, 아이들은 부모가 정해 놓은 코스를 따라 학원을 들락날락한다. 중 · 고등학교 시기에는 말할 것도 없다. 코피를 쏟고 밤잠을 설치면서 공부한다. 그래도 성적이 안 오르니 정말이지 죽을 지경이다. 부모도, 아이들도….

미국의 버락 오바마 전 대통령은 "한국 학부모들의 교육열을 배워라"고 할 만큼 한국 교육의 예찬론가이다. 그뿐만 아니라 덩컨 미 교육부장관도 한국 교육을 극찬했다.

"한국 학부모들은 학교에 세계 수준의 교육을 요구하고, 가난한 부모조차 초등학교 1학년 때부터 영어 교육을 위해 상당한 돈을 쏟아붓는다."

그는 미국의 학부모들을 질책하면서 도전했다.

"당신의 자녀가 한국 학생들보다 부족한 교육을 받아야 할 이유가 있는가? 미국 학부모들도 한국의 학부모들처럼 목소리를 높여야 한다."

자원이 없는 한국이 세계화의 물결에 뒤지지 않고 질주할 수 있었던 요인 가운데 하나는 단연코 한국 부모들의 뜨거운 교육열일 게다. 그 덕분에 한국인의 IQ 지수는 세계적으로 손꼽힌다. 스위스 취리히대학이 국민소득과 성장에 대한 민족 IQ의 연관관계를 조사한 리포트를 보면 자부심이 생긴다. 세계 최고의 IQ는 한국이 1위, 일본이 2위, 대만이 3위, 싱가포르 4위, 다음으로 독일, 네덜란드, 오스트리아, 이탈리아 순이었다.

얼마나 자랑스러운 일인가? 그러나 한국에 살고 있는 우리는 한국의 교육 과열이 지닌 폐해도 너무나 잘 알고 있다. 일등주의, 최고병을 앓고 있는 한국사회를 치유할 방법이 없다. 정작 세워져야 할 공교육은 무너지고, 대신 억제되어야 할 사교육만 우후죽순으로 늘어났다. 지금은 도저히 통제할 수 없는 수준에 이르렀다. 이제 공교육은 수면장이 되었고 사교육이 교육장으로 바뀌었다. 이건 분명히 변질이다.

그러다 보니 50~60세대는 고달프다. 아이들 학원비에, 등록금을 마련하느라 등골이 빠진다. 게다가 연로하신 부모님을 모시느라 이만저만 어려운 게 아니다. 고령화시대를 살고 있는 부모들은 점점 치매환자로 변해가고 있다. 이쯤 되고 보니 노후대책은 어떻게 해야 하는지 고민스럽다. 이렇게 힘들게 가르쳐놓은 자식들이 부모들을 뒷바라지할 것이라고는 아예 생각조차 하지 않는 게 현실이지 않은가?

이렇게 자식 교육에 올인한다고 해서 자식들이 잘되는가? 물론 그런 아이들도 많다. 힘들게 가르친 보람이 있다. 그러나 요즘 주변 사람들을 보면 한숨소리가 여기저기서 들려온다. 아이들은 소처럼 머리를 치켜세우고 부모를 들이받는다. 성적표 중심의 교육으로 아이들의 인성 교육은 엄두도 낼 수 없다.

게다가 엄청난 사교육비를 투자하고도 대학에 진학하지 못하는 게 현실 아닌가? 변변찮은 대학을 졸업하고 난 뒤에는 어떤가? 취업하는 게 하늘의 별따기다. 그래서 또다시 취업준비 학원에 등록해야 한다. 취업을 위한 재수, 삼수….

사실 부모도 못할 일이고 자식도 못할 일이다. 이 모두가 자식을 잘되게 하려는 부모의 욕심 때문에 발생한 일 아닌가? 자신의 한을 풀려는 부모의 한풀이로 벌어진 일 아닌가? 그 속에서 아이들은 희생양이 되고 있다.

아이들은 싫지만 쉽게 털어버릴 수 없는 게 공부이다. 그러니 부모는 아이들을 격려하고 지지해주어야 한다. 넘어지지 않도록, 포기하지 않도록. 늦은 시간까지 공부하는 아이들에게 물어봐야 한다.

"요즘 먹고 싶은 게 있니? 엄마가 해줄까?"

지쳐 있는 아이들에게 말해주어야 한다.

"쉼표는 찍더라도 마침표는 찍지 말자."

내키지 않을지 몰라도 때때로 해주어야 할 말도 있다.

"쉬엄쉬엄 가자."

이 학원 저 학원을 분주하게 쫓아다니는 아이, 밤늦게까지 공부하고 있는 아이에게 물어봐야 한다.

"아빠가 널 위해 해줄 수 있는 게 없을까?"

"엄마가 뭘 도와줄까?"

혜린이가 호주에서 워킹 홀리데이를 할 때다. 새벽 5시에 시작해서 오후 5시까지 일했다. 토마토 50상자를 땄단다. 15만 원 정도 벌려고. 죽는 줄 알았단다.

어느 날 초저녁, 공원산책을 하고 있는 딸과 페이스톡을 했다. 딸이 말했다.

"힘들어서 내일은 좀 쉰다고 얘기해야겠어."

"어디가 아픈데? 감기 몸살이야?"

"아니, 피곤해서."

"힘들면 언제든지 들어와. 우리는 언제든지 쌍수를 들고 환영하니까."

"안 들어가지~~"

우리 자녀들의 힘든 현실을 알아주고 고달픈 마음을 어루만져줄 수 있는 부모의 넉넉한 마음이 필요하다. 비록 힘들긴 하지만 이겨낼 수 있는 자원이 되도록.

네 친구들을 집으로 데려올래

큰딸이 중학교에 진학했을 때다.

"혜린아, 넌 친구들 없어?"

"왜?"

"넌 내성적이잖아. 그래서 엄마가 늘 걱정이 돼."

"별 걱정 다하시네."

"친한 친구들이 많아?"

"많지는 않지만 친한 친구들은 있어."

"그럼 집으로 데려와 봐. 엄마가 맛있는 거 해줄게. 전도도 하고."

"알았어. 친구들에게 얘기해볼게."

아들이나 막내는 친구 사귀는 것 때문에 큰 고민을 해보지 않았다. 쾌활한 성격이어서 친구들을 잘 사귄다. 사실 너무 잘 사귀어서 문제일 때가 있었지만. 그런데 큰딸은 내성적이었다. 다른 사람들에게 가까이 다가가는 게 쉽지 않을 거라는 생각이었다. 상급학교에 진학하면서부터 늘 걱정이 앞섰다.

어느 날, 친구들과 약속해서 서너 명을 집으로 데려왔다. 아내는 맛있는 음식을 준비했다. 그리고 아이들과 이런저런 대화를 나누면서 식사를 했다. 아이들은 차분하고 착한 성품을 지녔었다. 아이들이 가고 난 후 혜린이에게 말했다.

"혜린아, 네 친구들은 참 착하고 좋은 것 같더라."

"응, 다들 착해. 공부도 잘하고."

"역시 우리 딸이야. 사귀는 친구들도 걱정이 안 되는 아이들이구나."

그 후부터는 혜린이 친구들에 대해서는 그렇게 걱정하지 않는 편이다. 함부로 친구를 사귀지 않으니까. 아이들을 지켜보다가 괜찮겠다 싶은 아이를 선별해서 사귄다고 한다. 그러다 보니 친구가 많은 편은 아니지만 사귀는 친구마다 깊은 관계를 맺는다.

인생에서 친구는 너무나 소중한 자원이자 선물이다. 친구는 인생의 향방을 좌우한다. 나쁜 친구 때문에 인생을 망친 사람이 있다. 바로 암논과 요나답이다(삼하 13장). 다윗의 아들 암논은 하지 말아야 할 사랑을 했다. 이복누이 다말을 좋아한 것이다. 결국 상사병을 앓았다. 그때 암논에게 다가와서 해서는 안 될 일을 저지르도록 유혹한 사람이 있었다. 바로 그의 친구 요나답이다. 요나답은 암논에게 다말을 취할 수 있는 시나리오를 짜주었다. 불행한 운명을 가져다준 친구였다.

성경에는 멋지고 좋은 우정을 나눈 친구도 있다. 다윗과 요나단이 바로 그런 사람이다. 다윗은 사울 왕의 질투와 시기심으로 죽을 고비를 수없이 넘겼다. 사울이 다윗을 죽이려 할 때 아버지를 속이면서까지 친구의 목숨을 건져준 사람이 바로 요나단이다. 요나단은 아버지를 배신하는 행동을 했다. 들통 나면 포학한 아버지로부터 죽임을 당할 수도 있었다. 그런 친구이기에 나중에 왕이 된 다윗은 그의 아들 므비보셋을 정성껏 돌봐주었다. 므비보셋은 평범하지 않았다. 두 발을 다 저는 장애를 지녔다. 스스로 생각해도 개 같은 팔자인 므비보셋을 다윗은 친구인 요나단의 우정을 생각해서 사울 가문임에도 불구하고 왕자처럼 대우해주었다.

부모가 해야 할 일 가운데 하나는 아이들의 친구에 대해 관심을 갖는 일이다. 아이들이 좋은 친구를 사귈 수 있도록 지도해주어야 한다. 아이들은 아직까지 분별력이 부족하다. 그런데 사춘기에 있는 아이들에게 친구의 영향력은 지대하다. “친구 따라 강남 간다”는 말이 있듯이. 나에게도 쓰라린 경험이 있다.

“형규야, 아빠랑 얘기 좀 했으면 좋겠는데.”

“왜?”

“아빠가 목사로서 정말 미안한 부탁을 해야겠다.”

“뭔데?”

“목사로서 사람을 외모로 판단하고 구분하지 말아야 하는데, 아빠가 목회를 하는 데 덕이 안 되어서 부탁한다.”

"……."

"네 친구들 때문에 좋지 않은 소문이 들려. 네가 그렇게 하면 아빠가 어떻게 목회를 하니? 자식 교육도 하나 제대로 못하면서 어떻게 설교를 하고 교육을 하니?"

"……."

"목사의 자녀이기 때문에 받을 상처가 있어서 그동안 너한테 부담을 주지 않았는데, 이번에는 안 되겠구나. 두 가지 가운데 하나를 선택해야겠다. 하나는 아빠가 목회를 할 수 있도록 네 친구 관계를 좀 정리하자. 그렇지 않으면 아빠가 다른 교회로 옮겨야겠어."

"……."

아이가 초등학교 6학년 때의 일이었다. 사실 아내는 우리 아이들에게 당부했다.

"얘들아, 네 친구들을 집으로 데려와. 그러면 엄마가 맛있는 거 해줄게. 그리고 전도하자."

더구나 형규는 친구들이 잘 따르기 때문에 굉장히 좋은 전략이었다. 그래서 많은 친구들이 초등부에 다니기 시작했다. 그때부터 문제가 생겼다. 그 아이들은 교회를 한 번도 다녀본 적 없는 아이들이었다. 더구나 그중에는 동네에서 껄렁껄렁하게 노는 아이들도 있었다. 이들은 예배란 것이 무엇인지 모르다 보니 예배시간에 장난치고 떠들며 다른 친구들을 괴롭히는 등 예배를 방해했다. 아마 담배를 피우는 아이도 있었을 거라 생각된다. 그 비난의 화살은 모두 형규에게로 돌아왔다.

그 일로 인해 교사 가운데 어떤 분은 상처를 받았다고 했다. 나는 그 교사분을 찾아가서 "자식 교육을 제대로 시키지 못해서 미안하다"고 사과했다. 그런데 더 이상은 두고 볼 수 없을 것 같아서 형규에게 선택을 요청했다.

결국 형규는 아빠의 말을 따라주었다. 친구들을 정리하고 만나지 않았다. 어린 게 얼마나 힘들었을까? 그게 잘한 건지 잘못한 건지는 아직까지 잘 모르겠다. 목사의 양심에 거리끼는 것도 없지 않다. 그 아이들을 어떻게 해서라도 예수쟁이로 만들었어야 했는데 하는.

그런 형규가 벌써 대학을 다닌다. 여자친구도 생겼다고 한다.

"형규야, 여자친구 있다며?"

"응~"

"여자친구를 사귀는 건 좋은데, 서로 좋은 친구여야 해."

"그냥 친구야~"

"좋아하는 감정이 앞서서 지켜야 할 선을 넘어서는 절대로 안돼. 서로를 보호해줘야 한다. 나중에 헤어져도 서로에게 상처가 남지 않도록."

"알았어~"

사실 사춘기에 있는 아이들이 이성 친구와 사귀면서 엇나가는 경우를 보곤했다. 좋아하는 감정을 통제하지 못해서 넘지 말아야 할 선을 넘어 임신을 하게 되는 경우. 아이를 낳자니 그렇고, 안 낳고 유산시키자니 죄이고. 이런 일로 곤욕을 치르는 부모들이 많다. 그러기에 부모는 아이들의 이성교제도 지혜롭게 꼭 지도해주어야 한다.

앞으로 하고 싶은 게 뭐야

"혜린아, 넌 앞으로 뭐가 되고 싶어?"

"아직 생각해보지 않았어."

"그래? 사람이 꿈을 갖는 건 굉장히 중요한데. 목표가 있어야 그걸 보고 달려가지."

"아빠는 이 시기에 꿈이 있었어?"

"그럼. 유년시절에는 장군이 되고 싶었고, 초등학교 시절에는 선생님이 되고 싶었지. 그리고 중학교 시절에는 법관이 되고 싶었고, 고등학교 시절에는 목사님이 되고 싶었어. 그러다가 대학을 진학하면서는 사회에 진출해서 돈을 벌어야겠다는 생각을 했지. 그래서 경제학을 전공했고."

사실 아이들이 초등학교 다닐 때부터 나누던 대화였다. 그런데 꿈을 찾아가는 게 그리 쉬운 일은 아니다. 꿈을 꾼다고 해도 그 꿈을 이루기 위해 준비하는 과정이 그리 만만치는 않다. 갈팡질팡, 지금도 그렇게 꿈 이야기를 만들어가고 있는 중이다. 부모는 아이들의 꿈에 대한 지속적인 관심을 가지고 대화를 나누어야 한다.

그 아이가 자라서 대학교 3학년 2학기 때였다. 어느 날 비전에 대한 얘기를 나누었다.

"혜린아, 이제 3학기밖에 남지 않았는데, 앞으로 네가 하고 싶은 일을 결정했어?"

사실 몇 개월 전에도 했던 질문이다. 그때 혜린이는 말했다.

"몇 가지 생각하는 게 있어."

"그게 뭔데?"

"좀 더 구체적으로 결정되면 이야기해 줄게."

"알았어. 좀 늦은 감이 있으니까 빨리 결정했으면 좋겠어."

그렇게 대화를 나눈 게 벌써 몇 개월이 지났다. 아직까지 아무런 말이 없었다. 그래서 혜린이에게 다시 물은 것이다.

"두 가지가 있는데, 며칠 더 생각해보고 이야기해주면 안 돼?"

"알았어. 며칠 후에 대화를 나누자."

그렇게 대화를 나눈 지 며칠이 지났다. 마침 명절이 되어 아이하고 함께하는 시간을 확보하기가 좋았다. 시골에 내려가서 혜린이와 대화의 물꼬를 텄다.

"혜린아, 지난 번 얘기하던 '네가 하고 싶은 일'이 뭐니?"

"하나는 공무원이고, 다른 하나는 편집 디자이너야."

사실 나는 예전부터 아이의 성격을 생각하면서 두 가지를 권했다. 하나는 교사이고, 다른 하나는 공무원이었다. 혜린이는 적극적인 성격의 소유자가 아니었다. 순응적인 아이였다. 그러기에 어떤 조직사회에 들어가면 책임감 있게 일을 잘 처리할 거라 생각되었다. 그런데 교사는 이미 어렵게 되었고, 공무원 또한 힘든 과정이지만 가능성은 남아 있었기에 지금이라도 공무원의 길을 걸어갔으면 했었다.

"그래? 편집 디자이너는 아빠가 생각지 않은 일이네. 편집 디자이너가 되고 싶다고 하니까 지금 당장 두 가지 생각이 든다. 하나는 요즘 출판업계가 너무너무 힘들다는 것. 아빠가 이쪽 분야를 잘 알다 보니까 부담스럽기는 하다. 일반 출판계도 그렇고, 기독교 출판계는 더 어려운 형편이거든. 다른 하나는 네가 창의성은 뛰어난 편은 아닌데 괜찮을지 모르겠다."

"그래도 전부터 생각해오던 거야."

"그렇다면 내가 알고 있는 기독교 출판계의 편집 디자이너를 만날 기회를 만들 수 있을 것 같은데, 한 번 만나서 대화를 나누어 볼래?"

"응. 알았어."

나는 내가 알고 있는 출판사 편집장에게 연락해서 상황을 설명하고 편집 디자이너 가운데 한 사람을 소개해줄 수 있겠느냐고 부탁했다. 그래서 시간을 정해서 다음에 만나기로 약속했다. 아이의 꿈을 만들어가기 위해서.

인생은 꿈을 가지고 풀어가는 과정이다. 물론 요셉처럼 한 가지 꿈을 가지고 기필코 그 꿈을 이루는 사람도 있다. 요셉은 하나님이 보여주신 꿈을 가지고 끝까지 질주했다. 그 꿈이 이루어지는 과정에 수많은 인생 스토리가 생겼다. 그는 장애물을 두려워하지 않았다. 하나님의 손에 이끌려 유유히 걸어갔다. 하나님이 그 꿈을 이루어주시는 그때까지.

그런데 대부분의 사람들은 요셉과 같지 않다. 살아가면서 다양한 꿈을 꾼다. 꿈을 꾼다고 그 꿈이 다 이루어지는 건 더더욱 아니니까. 그러기에 한 사람의 인생에 있어서 꿈의 역사는 다채로운 변화를 거듭한다.

때때로 꿈이 바뀐다 할지라도 꿈을 꾸는 건 소중하다. 달려가야 할 방향을 설정해주기 때문에. 활력을 더해주기 때문에. 달려가고 싶은 희망이 생기니까. 그래서 부모는 아이들과 함께 꿈을 꾸고, 꿈을 만들어가며, 그 꿈을 이루기 위해 준비해야 한다.

"아들, 넌 앞으로 뭘 할 거야?"

형규가 중학교 때 몽골 단기선교를 같이 와서 던졌던 질문이다. 그때 형규가 대답했다.

"어~ 선교사가 되고 싶은 마음이 생겼어."

단기선교를 와서 선교현장에서 보고 듣고 경험했으니 충분히 그럴 만도 했다.

"그래? 그것도 좋지. 하나님이 원하신다면 너무 좋은 일이지. 그런데 목사가 되고 선교사가 되려면 넘어야 할 산이 많고, 정복해야 할 고지도 많다. 아들아~"

대학을 진학할 때쯤에는 경찰이 되고 싶어 했다. 그래서 경찰학과가 있는 두 곳을 지망했다. 한 곳은 떨어지고 한 곳은 합격했다. 게다가 명지대학교 경영과에도 합격했다. 어떤 곳을 갈까 고민하다가 명지대학교 경영과를 선택했다. 앞으로도 고민하고 있다. 회계사나 세무사 시험을 준비하는 것과 목회자의 길을 가는 것을.

명절에 고향을 다녀오면서 운전하는 아들에게 또다시 물었다.

"아들, 앞으로 어떤 사람이 될 건지 한 번 들어보자."

"다른 것도 생각해 보는데, 기도를 하면 자꾸 목사가 되는 게 생각에서 지워지지 않아."

"그래? 양쪽 문을 다 열어놓고 더 생각하고 기도해보자. 최종 결정은 군대에 다녀와서 내리기로 하고. 그 전에 어떤 길을 가든지 영어는 필수니까 영어부터 잡아."

요즘 유행하는 말이 있다. 10대는 꿈이 없고, 20대는 답이 없고, 30대는 집이 없고, 40대는 내가 없고, 50대는 일이 없고, 60대는 낙이 없다. 우리 모두는 꿈을 꾸지만 그 꿈은 '이루기 힘든 기적'처럼 되어버렸다. 너무 서글픈 일이다. 그럴지라도 부모는 꿈 없는 자녀에게 꿈이라도 찾아주어야 한다.

부모는 아이들이 하고 싶은 일을 자꾸 물어봐야 한다. 부모가 원하는 일을 강요하지 말고 아이들이 하고 싶은 일을 알아봐야 한다. 그리고 끊임없이 코칭해주어야 한다. 그것이 적성과 기질에 맞는지,

앞으로의 전망은 어떤지, 그 꿈을 이루기 위해 무엇을 준비해야 하는지, 그것을 위해 해야 할 자기 관리는 무엇인지, 그리고 하나님께서 기뻐하시는지, 하나님께서 이루어가시도록 하기 위해 어떻게 해야 하는지.

C·H·A·P·T·E·R·7

누가 뭐래도,
난 너를 믿어!

난 너를 믿어!

눈에 넣어도 아프지 않은 자식, 그러나 말을 듣지 않고 문제를 일으킬 때는 손톱 밑의 가시와도 같다. 더구나 사춘기에 접어든 중학생이 되면 럭비공과 같아서 어디로 튈지 모르는 종잡을 수 없는 존재가 된다. 아니, '공산당도 무서워하는' 존재라고까지 표현하니 중학생을 둔 부모들의 고충을 이해할 만하다.

"최근 수업시간에 사라진 교과서가 쓰레기통에서 씹다버린 껌들로 뒤덮인 채 발견됐다."

"얼마 전에는 남학생 몇몇이 내 지갑을 몰래 가져가 간식을 사먹기도 했다."

"남학생들이 의자를 세게 찰 때면 엎드린 상태로 소리 죽여 울었다."

"급식실이 따로 없어 교실에서 점심을 먹는데 다른 친구들은 친한 친구끼리 앉아서 밥을 먹지만 나는 눈치를 보다가 남는 자리에 앉아 먹었다."

"하루에도 죽고 싶다는 생각을 몇 번이나 하는지 모른다."

열다섯 살 여중생이 인터넷에 올린 '저는 왕땅입니다' 라는 글 중의 일부이다. 1년 동안 '왕따' (집단 따돌림)로 괴롭힘을 받던 여중생이 자신의 괴로운 심정을 사람들에게 공개한 것이다. 그는 남학생들의 장난은 도가 지나치다 못해 범죄수준이라고 말했다. "내 자녀는 그렇지 않아"라고 누가 장담할 수 있겠는가? 내 자녀가 피해자가 될 수 있고, 또 가해자가 될 수도 있다. 안심은 금물이다.

자녀 양육을 잘해야 하는 줄은 알지만 잘 양육하는 게 너무 어렵다. 자녀 양육에는 '해답' 이 없는 것 같다. 이 사람은 이렇게 하니 잘됐다고 하는데, 내가 그렇게 해보니 생각대로 되지 않는다. 자격증이라도 취득해서 될 문제라면 그렇게 할 텐데 그것도 아니다. 일정 소양교육을 받아서 되는 문제라면 그렇게라도 노력해볼 텐데, 교과서대로 하는데도 쉬운 일이 아니다. 모범 답안지가 없고 해법이 잘 보이지 않는 게 자녀 양육이다.

이런 아픔과 고충 속에서도 경험을 통해 당부할 게 하나 있다. 자녀를 끝까지 믿어주라는 것이다. 자녀를 들들 볶아서 해결될 문제는 아니다. 지나친 잔소리는 관계만 멀어지게 할 뿐이다. 더 중요한 것은 어떤 상황에서도 신뢰하고 믿어주는 일이다. 부모가 자식을 믿지 않는다면 세상에 누가 부족한 우리 자녀를 믿어주겠는가? 그러기에 어떤 일이 있더라도 부모는 자녀를 믿어주고, 그들을 사랑으로 부둥켜안고 끝까지 기다려야 한다. 자녀를 믿고 신뢰하면 자녀는 그 믿음대로 행동하게 된다. 자녀는 부모가 생각하는 대로 성장해간다.

누가 뭐래도 난 너를 믿어

"이 시간은 학부모와 선생님들의 의견을 들어보겠습니다."

한 선생님이 일어서서 모임의 서두를 꺼냈다. 그 모임에는 아이가 다니는 학교의 선생님들과 몇몇의 학부모들이 참석했다. 그런 자리에는 처음이었다. 부끄럽기도 하고 속상하기도 한 자리였다. 소위 징계위원회였다. 왜? 우리 막내딸 때문이었다. 무슨 잘못을 했기에?

어느 날, 학교 선생님으로부터 아내에게 전화가 왔다.

"세린이 어머님이죠?"

"예, 그렇습니다만."

"저는 세린이 학교 담임선생이에요."

"아~ 예. 그런데 무슨 일이 있나요?"

"죄송하지만 세린이가 문제를 좀 일으켰어요. 그래서 학교로 한 번 오셔야 할 것 같은데요."

"무슨 문제를 일으켰나요?"

이야기는 이랬다. 세린이가 같은 반 여자아이를 때렸고, 맞은 아이는 집에 가서 부모님에게 일렀다. 부모님은 화가 나서 학교로 찾아와서 강경하게 요구했다.

"우리 아이를 때린 학생을 교칙대로 처벌해달라."

기가 막힌 일이었다. 속상하고 답답한 문제였다. "알겠다"고 말했지만 정말 내키지 않는 일이었다. 그 이야기를 전해들은 나는 세린이를 불러서 물었다.

"세린아, 이게 도대체 어떻게 된 일이야?"

"내가 때렸지만 그 아이도 나쁜 애라고."

세린이는 울면서 그때의 상황을 설명했다. 딸아이가 한 이야기는 이랬다. 같은 반에 친구들에게 따돌림을 당하는 한 아이가 있었다. 세린이에게 맞은 그 아이가 몇몇 친구들과 함께 그 아이를 따돌리고 때렸다는 것이다. 그것을 보고 있자니 세린이가 화가 났다. 몇 차례 그렇게 하지 말라고 했다. 그런데 멈추지 않았다.

어느 날, 친구를 따돌리는 주동자를 학교 밖으로 불러냈다. 그리고 그 아이에게 말했다.

"네가 먼저 내 뺨을 때려!"

"……."

"날 때리란 말이야. 나도 맞은 만큼 널 때릴 테니까."

결국 그 아이는 세린이의 뺨을 때렸다. 그 뒤 세린이가 그 아이에게 맞은 대로 뺨을 때렸다. 우리 부부가 알기에 세린이 손맛은 아주 매운 편이었다. 사건은 이렇게 진행된 것이었다.

이렇게 곤란하고 힘든 상황에 아내 혼자 보낼 수가 없었다. 함께 가자니 목사 신분으로 너무 창피하고 부끄러웠다. 그러나 어쩌랴? 내 딸이 저지른 일인데. 징계위원회로 모인다는데. 모인 자리에서 선생님들과 그 아이의 부모는 열을 내면서 우리 딸을 질책하고 있었다. 난 조용히 그 이야기들을 다 들었다. 그런 후 자리에서 일어섰다.

"제가 자식을 잘못 길러서 이런 불상사를 저질렀습니다. 너무 죄송하고 송구스럽습니다. 피해자 가족과 학교당국에 죄송한 말씀드립니다. 그런데 저도 한마디만 말씀드리고 싶습니다. 학교 교육이라는 게 무엇입니까? 제가 딸에게서 듣기로는 피해자 학생이 또 다른 아이를 따돌리는 행동을 하고 때리기도 했다고 합니다. 과연 약한 친구를 돕기 위해 의분이 일어나서 행동한 것이 그렇게 죽을죄입니까? 제 딸의 행동을 잘했다고 말하진 않겠습니다. 그러나 저는 제 딸의 행동에 큰 부끄러움을 느끼진 않습니다. 제 딸의 행동을 학교에서 죄인 취급하듯 하는 건 정도에서 벗어난 일이라고 생각합니다. 학교가 약한 친구를 위해 의분의 행동을 한 것을 나쁜 짓이라고 치부해버린다면 교육현장은 과연 어떻게 될까요? 앞으로 이 사회는 어떻게 될까요? 다시 한 번 학교의 선처를 부탁드립니다."

결국 두 아이와 양측 부모는 훈육담당 선생님에게로 넘겨졌다. 상담실에 마주 앉았다. 나는 그곳에서 다시 한 번 선생님과 피해 학생의 부모님께 정중히 사과하면서 선처를 부탁했다. 이때는 이미 맞은 학생 부모님의 감정도 좀 누그러져 있었고, 선생님도 나의 분별력 있는 처신에 존경을 표한다고 덧붙였다. 그리고 서로 화해하고 좋게 끝마쳤다.

상담을 마치고 담임선생님을 만나 거듭 사과를 드린 후 딸아이와 학교 문을 나섰다.

"세린아, 이 부근에 뭐 먹을 데가 없니?"

"학교 앞에 떡볶이 집이 있어."

우리 세 식구는 떡볶이 집에 앉아서 대화를 나누었다.

"세린아, 아빠는 네가 약한 친구를 위해 그렇게 한 행동을 나무라고 싶은 마음은 없어. 그러나 그럴지라도 또 다른 폭력을 써서는 안 돼."

"앞으로는 안 그럴게."

"알았어. 아빠는 우리 딸을 믿는다. 아빠가 목사인데 하나님의 영광을 가리잖아."

"알았어. 미안해."

아이들을 기르다 보면 실망스러운 때가 한두 번일까? 아이들은 부모의 신뢰를 깨뜨리는 일을 자주 저지른다. 그때마다 소리치고 싶다.

"내가 널 어떻게 믿어!"

그러나 부모는 자녀를 끝까지 믿어주어야 한다. 탕자의 아버지처럼 끝까지 기다려주어야 한다. 부모가 믿어주지 않는 자녀를 믿어줄 정도로 너그러운 사회는 아니다.

난 네 편이야. 주눅들지 마

"선생님, 안녕하세요."

"세린이 아버님 오셨어요."

"예, 그동안 평안하셨죠? 우리 세린이 때문에 고생이 많지요?"

"세린이가 공부를 열심히 해야 하는데…."

"글쎄요, 저희도 고민이에요. 공부하라고 해도 그렇게 하지 않으니 어떻게 하죠?"

"그럼 부모님이 혼내셔야죠."

"그렇긴 한데, 그렇게 하면 딸아이하고 관계만 멀어지니 어떻게 해요."

"세린이 아버님은 딸을 너무 사랑하는 모습이 그대로 보여요. 큰일이네요."

"그럼 어떻게 하겠어요. 제 딸인 걸."

어느 때인가 세린이 학교 담임선생님을 만나서 나눈 대화이다. 세린이가 공부를 너무 하지 않아서 우리 부부도 고민이었고 선생님도 고민이셨다. 선생님과 대화를 나눈 후에 세린이를 데리고 집으로 오면서 물었다.

"세린아, 넌 왜 그렇게 공부를 안 해서 엄마 아빠를 부끄럽게 하니?"

"수시로 대학에 가면 되잖아."

"수시가 안 되면 어쩌려고 그래?"

"꼭 수시로 갈 거야!"

"그래, 알았다. 안 된들 어떻게 하겠니. 넌 내 딸인데. 어쨌든 힘내서 최선을 다해 수시에 꼭 합격하자."

아이들도 잘하려고 하지만 잘 안 되는 일이 너무나 많다. 누구나 잘하고 싶은 욕심은 있을 게다. 그러나 욕심을 부린다고 세상이 다 따라주는 건 아니다. 연약하고 부족한 인간이기에 한계가 있다. 욕심대로 안 되는 게 인생이다. 우리 자녀들은 앞으로 얼마나 많은 경험을 하게 될지 모른다.

부모 입장에서 기대를 채우지 못하는 자녀에 대한 야속한 마음이 없는 건 아니다. 더구나 조금만 더 노력하면 좋은 결과가 나올 수도 있는데, 그렇게 하지 않을 때 얼마나 속상한지 모른다.

그런데 그럴 때마다 아이들과 전쟁을 할 것인가? 아이들을 윽박지르고 잔소리를 해댈 것인가? 그렇게 해서 된다면 어느 부모인들 하지 않겠는가? 해봤자 아이들과 관계만 멀어지고 만다. 잔소리하는 부모의 꾸중이 듣기 싫다고 눈도 마주치지 않는다. 자기 방에 들어가서 문을 닫고 아예 두문불출하기도 한다. 더 무서운 아이들은 집으로 들어올 생각조차 하지 않고 밖으로만 나돈다. 그러다 보면 나쁜 친구들과 어울리거나 잘못된 어른들의 유혹에 빠져 나쁜 길로 들어서는 경우도 허다하다.

부모들이 자녀들의 면전에서 자주하는 말이 있다. 해서는 안 될 말이기는 하지만.

"언니는 공부를 잘하는데, 넌 왜 이 모양이냐?"

"넌 매사가 왜 그래? 오빠 반이라도 따라가면 오죽 좋겠냐?"

속상한 마음에 다른 형제와 비교하면서 자극을 준다. 그런다고 뭐가 달라지나? 아이의 마음에 쓴 뿌리만 돋아날 뿐, 오히려 더 반항적이고 도전적인 행동으로 맞대응할 뿐인데. 사실 아무런 효과가 없는 짓인 줄 부모도 잘 알고 있다. 그러면서도 부모 입장에서는 화풀이를 해보는 게다.

차라리 놀기 좋아하는 아이를 가리켜 달리 표현하면 좋을 텐데.

"언니는 책을 좋아하고 너는 운동을 좋아하니 엄마는 감사할 따름이야."

각자의 개성을 존중해주는 표현이 아닌가? 아무리 화가 나더라도 다른 형제나 또래 아이와 비교해가면서 자존심을 상하게 하는 상처를 주어서는 안 된다. 기대하는 만큼 따라오지 못할지라도 수고한 것에 대해 인정해주고 칭찬해주어야 한다.

"그래도 많은 노력을 했잖니? 그랬으니까 이 정도가 되었지. 수고했어."

더 좋아지는 때를 기다려주어야 한다. 그리고 여전히 믿음과 신뢰를 보내주어야 한다.

"네가 하니까 엄마는 걱정도 안 돼. 다음에는 더 잘할 거야!"

다른 형제들과 비교해서 좀 못하다고 생각이 들 때 말을 더 잘해야 한다. 다른 아이들과 비교해서 본인도 주눅 들어 있을 때 표현을 조심해야 한다.

"너무 걱정하지 마. 난 네 편이야. 주눅 들지 말고 용기를 내."

스스로도 힘들어하고 있는데 더 기를 죽일 게 뭔가? 그때는 용기를 북돋워주는 게 더 중요하다. 내가 네 편이라는 사실을 심어주는 게 훨씬 더 유익하다.

"될성부른 나무는 떡잎부터 알아본다고?"

"싹수가 노랗다고?"

크게 될 사람은 어릴 적부터 남다르다고 했다. 장래성 있는 사람은 어릴 때부터 남다른 데가 있다는 말도 인정한다. 잘될 사람은 어려서부터 그런 기미가 보이기도 한다. 정말이지 구태여 부인하고 싶은 생각은 없다. 어느 정도 일리가 있는 말이니까. 아니, 어쩌면 충분히 근거가 있는 말이라고 하는 게 맞을지도 모른다.

하지만 자라고 있는 아이들을 향해 하는 말들은 늘 조심해야 한다. 그들에게는 누구도 가늠하기 힘든 잠재력과 가능성이 있기 때문이다. 부모에게 신뢰의 말을 듣고 자란 자녀는 예상치 못한 결과를 낼 수도 있다. 자녀들의 앞날을 함부로 단정지어서는 안 된다. 아니,

그 어떤 사람도 자라나는 아이들을 향해 함부로 단언해서는 안 된다.

사실 나는 어려서부터 글 솜씨가 특별하지는 않았다. 학교 글짓기대회에서 한두 번 가작(佳作) 정도 상을 받은 것 외에는. 그냥 남들처럼 일기를 썼고, 중학교 시절 서울에 있던 누나와 편지를 많이 주고받았으며, 대학시절 연애편지를 열심히 쓰는 정도. 그런데 석사과정을 공부하던 중에 학비를 조달하기 위해 출판사에서 원고를 쓰기 시작했다. 그러다가 다른 목사님들과 함께 원고를 써서 책을 출판하기도 했다. 그런 후에 혼자 쓴 원고를 출판하게 되면서 본격적으로 작가의 길을 걷게 되었다. 내가 어릴 때 그 누가 "이 아이는 작가될 소질이 있어"라고 말한 적이 있었던가? 내가 이런 작가가 된 걸 알면 어릴 적 친구들은 놀랄지도 모른다.

자녀들이 기대에 미치지 못할지라도 핀잔을 주지 않았으면 한다. 오히려 믿어주고, 기대하고 있다는 말로 용기를 북돋아주었으면 좋겠다. 언제까지나 네 편이라는 사실을 주지시켜 주었으면 좋겠다. 아이들은 그런 부모의 생각과 말대로 성장해갈 것이다.

난 무슨 일이 있어도 네 결정을 믿어

오랜만에 아내가 혜린이와 쇼핑을 갔다. 이곳저곳을 돌아다니다가 아내는 딸아이에게 옷을 사주고 싶었던 모양이다. 그런데 혜린이는 멋을 잘 안 부리는 스타일이라 옷을 그렇게 사려고 하지 않았다. 장녀라 그런지 가정 살림, 엄마 형편을 생각해서 무엇인가 사달라고 조르는 법이 거의 없었다. 그만큼 성숙한 걸까?

옷 가게에 들어선 아내가 혜린이에게 말했다.

"혜린아, 사고 싶은 옷 없어?"

"……."

"이건 어때? 저거 한 번 입어볼래?"

"……."

"야, 네가 좋은 거 있으면 골라봐."

쇼핑을 마치고 집으로 돌아왔다. 둘 다 뭔가 시큰둥해서. 나는 단번에 분위기를 알아차릴 수 있었다. 자주 일어나는 상황이니까.

"또 뭔가 잘 안 맞았구나."

"아~ 혜린이랑 시장가면 답답해~"

나는 웃으며 말했다.

"혜린아, 네가 사고 싶은 걸 말하지 그랬어?"

가끔 아내가 마음에 들어서 혜린이 옷을 사온 적이 있었다. 일반적으로 아이들은 옷이나 뭔가를 사다주면 좋아서 얼른 입어보지 않던가? 혜린이는 달랐다. 옷을 사와도, 입어보라고 해도 관심도 보이지 않았다. 아내는 화가 나서 한마디했다.

"야, 입어보기라도 좀 해라!"

이게 우리 큰딸의 모습이다. 나중에는 자기가 사서 입도록 놔두었다. 그랬더니 막냇동생을 데려가서 함께 옷을 사 입었다. 자기가 아르바이트를 하니까 동생 옷을 하나 사주면서.

그런데 막내딸 세린이는 달랐다. 예고를 다녀서 그런지 멋을 많이 부렸다. 지나칠 정도로. 우리 부부가 적절하게 통제해서 그렇지 사치스러운 편이다. 아내가 시장이나 마트에 가면 자기도 함께 간다며 꼭 따라나섰다. 아내는 딸의 속셈을 다 알고 있었다. 세린이는 시장에 가면 자기가 사고 싶은 것을 꼭 고른다. 그래서 떼를 써서라도 반드시 무엇인가를 사 가지고 들어온다.

옷을 사더라도 자기가 고른다. 이것저것 입어보곤 한다. 그러면서 옷을 고르는데 맵시 나게 고른다. 오래 전부터 혼자 또는 친구들과 함께 가서 자기 취향에 맞는 옷을 사서 입었다.

부모는 아이들에게 독립심을 길러주어야 한다. 독립심을 길러주는 일 가운데 아주 중요한 것이 자발적인 선택을 하도록 하고, 선택한 일에 대한 책임을 지도록 하는 것이다. 인생은 다양한 선택과 결정의 연속이다. 무엇을 결정한다는 것은 매우 고민스럽다. 부담스럽기도 하다. 선택의 결과에 대한 책임을 져야 하기 때문에. 때로는 우물쭈물하기도 한다. 그러나 아이들이 어려서부터 스스로 결정하고 책임지도록 올바른 훈육을 해야 한다.

때때로 스스로의 선택에 대해 후회할 때도 있다. 그럴 때 뭐라고 하는가?

"거 봐라. 내가 뭐랬니? 그때 내가 그게 아니라고 했는데 네가 버럭버럭 우겼잖아."

"그럼 엄마가 더 강하게 좀 끌어주지 그랬어?"

"얘가 무슨 소리하는 거야? 그때 날 잡아 먹으려고 그랬으면서!"

잘못된 선택에 대해 서로에게 책임을 전가할 필요는 없다. 선택에 대한 비난도 하지 않는 게 좋다. 어차피 우리는 살아가면서 선택에 대한 실수를 하기 마련이니까. 그때마다 원망하고 불평하며 살도록 만들 것인가?

대신 자신의 잘못된 선택을 인정하도록 하고, 뭐가 잘못되었는지 판단하도록 해주어야 한다. 자신의 선택에 대한 불이익을 감수할 수 있도록 도와주어야 한다. 앞으로는 그런 실수를 통해 또 다른 후회를 하지 않도록 지도해주어야 한다. 때때로 저지르는 잘못된 선택은 우리 인생에 아주 소중한 또 다른 교과서가 될 수 있다.

봄이 되면 아이들을 어떤 학원에 보낼 것인지에 대한 고민이 크다. 부모가 아이와 함께 몇몇 학원들을 돌아보고, 이것저것 살펴봐주는 게 좋다. 그러고 나서 아이가 스스로 비교분석해서 결정하도록 도와주어야 한다. 최종적인 선택은 당연히 아이 몫이다. 부모는 그 선택에 따라 아이가 해야 할 일들을 정리만 해주면 된다.

때때로 선택한 것 때문에 고민하고 힘들어할 때가 있다. 낙담할 때도 있다. 그때 부모의 신뢰와 지지가 더욱 필요하다.

"엄마가 너를 안 믿으면 누구를 믿어. 엄마는 네가 잘 이겨낼 거라 믿어."

큰딸이 대학에 갈 때 함께 고민하며 진학을 설계했다. 전공을 선택하는 건 당연히 본인의 결정이었다. 사실 나는 실내디자인을 달가워하지 않았다. 여자가 현장에서 뛰는 걸 보고 싶지 않았기에. 본인이 좋다고 해서 어쩔 수 없이 그렇게 했는데, 언젠가 또다시 진로에 대해 고민하고 있는 걸 보았다. 취업에 대한 고민이 시작된 것이다. 속상한 마음은 있었지만 역시 본인이 결정할 부분이었다.

부모는 낙심해 있는 자녀에게 용기를 북돋워주어야 한다. 잘못 판단할 수도 있다고 말해줘야 한다. 하지만 거기에 어떻게 대처해서 헤쳐나갈 것인지는 자녀가 스스로 찾을 수 있도록 지도해주어야 한다. 또한 부모는 자녀의 실수와 잘못을 용납해주어야 한다. 탕자의 아버지를 보라. 둘째아들이 스스로 선택한 길을 그대로 인정해주었다. 결과가 뻔히 예측되었지만 아버지는 아들의 선택과 결정을 존중해주었다. 오랜 세월 후에 아들이 탕진하고 거지가 되어 집으로 돌아왔을 때도 아들을 안아주고 용납해주었다. 결코 비난하거나 책망해서 내쫓으려 하지 않았다.

그렇다. 부모에게 용납받지 못한 자녀는 하나님의 용서를 잘 받아들이지 못한다. 너무 엄하고 경직된 부모 밑에서 자란 아이는 하나님과 친밀한 관계를 맺을 줄 모른다. 아이들은 부모를 통해 하나님에 대한 이미지를 갖게 된다. 친구처럼 친밀한 부모와의 관계 속에서 자란 아이는 하나님도 친근한 분으로 경험한다. 그러나 지적받고 책망만 받으면서 엄격한 가정 분위기에서 자란 아이는 하나님을 무서운 분으로만 생각한다. 그래서 하나님과 친밀한 교제를 누리지 못한다.

작은 결정이라도 자녀가 스스로 하게 해야 한다. 그 결정이 좀 서투르다면 코칭해주면 된다. 그러나 최종적인 선택은 아이가 직접 하도록 맡겨두어야 한다. 아이의 선택과 결정을 믿어주고 응원해주어야 한다. 부모가 자녀를 신뢰하면 자녀는 부모의 믿음에 반드시 부응하게 될 것이다.

넌 내가 지켜보지 않아도 잘할 거야

"아들, 요즘 이상한 소문이 들리더라."

"무슨 소문?"

"네가 친구들과 어울려서 나쁜 짓을 한다고 그러던데…."

"무슨 소리야? 누가 그래?"

"주변에서 사람들이 그러더라."

"그 사람이 누군데? 잘 알지도 못하면서 왜 그래?"

"그 사람들은 봤으니까 그러는 거겠지."

"봤으면 물증을 대라고 그래. 생사람 잡지 말고."

의심하는 부모에게 아이들은 섭섭하다는 투로 말한다.

"엄마 아빠는 왜 날 믿지 못하는 거야?"

아이들이 이렇게 따지고 들면 난감하다. 사실 굉장히 고민스러운 일이다. 주변사람들에게서 들려오는 소문은 있는데, 아이에게 물어보면 그런 적이 없다고 딱 잡아뗀다. 이럴 때 부모로서 도대체 어떻게 해야 하는가?

"아들, 네 말이 맞는 거지? 우리 아들이 그럴 리가 없는 거지? 나도 그 말을 듣고 믿기지 않았어. 우리 아들이 절대 그럴 리가 없는데. 어떤 아들인데. 사람들이 뭐라고 해도 난 우리 아들을 믿어. 아들, 엄마를 실망시키지 말아줘."

물론 아이들은 자기가 잘못을 해놓고도 "절대 그런 적이 없다"고 딱 잡아뗀다. 그때 여기저기 연락해서 문제를 밝힐 수도 있을 게다. 진위를 찾아내서 엄하게 체벌할 수도 있을 게다. 잘못된 행동을 고치기 위해서.

엘리 제사장에게 아들들이 있었다. 홉니와 비느하스다. 이들은 제사장으로서 직무를 수행했다. 영적인 지도자이니 백성들에게 모범을 보여야 했다. 그런데 이들은 행실이 좋지 못했다. 하나님께 제사드리는 제물 중에 기름지고 좋은 부분을 취하여 자기가 먼저 먹는 망령된 행동을 했다. 게다가 회막에서 일하는 여인들과 더불어 동침까지 했다. 이방인의 풍속을 따른 것이다. 성경은 그들이 여호와를 알지 못했기 때문에 그런 삶을 살았다고 고발한다. 직분으로 되는 게 아니다. 하나님과의 관계가 중요하다. 하나님과의 관계 속에서 늘 하나님을 경험해야 한다.

결국 하나님은 엘리에게 심판과 저주를 선언하셨다.

"네가 나를 존중하지 않고 멸시하였으므로 내가 너의 가정을 저주하겠다."

여기서 우리가 주목할 사실이 있다. 하나님은 자녀들이 잘못했을 때 부모를 책망하신다. 자식을 잘못 가르친 책임이 부모에게 있기 때문이다. 엘리는 아버지로서 자식들의 잘못을 제대로 교정해주지 못했다. 자식들을 책망하기는 했지만 율법에 따라 살아가도록 훈육하지 못했다. 그러니 자식들이 고질적인 악한 행위를 습관적으로 자행했던 것이다. 하나님은 그 책임을 아버지인 엘리에게 물으셨다.

부모는 자녀를 하나님의 법도 안에서 바로 훈육해야 한다. 잘못했을 때는 따끔하게 훈계할 필요가 있다. 자신이 잘못된 자리에 있음을 깨닫도록, 잘못을 회개할 수 있도록, 잘못된 삶의 자리에서 빠져나와 의의 길을 걸어갈 수 있도록, 변화된 삶을 추구할 수 있도록.

그렇다고 이러한 부모의 책무 때문에 자녀를 지나치게 엄격한 틀 속에 가둬서는 안 된다. 비난과 정죄의 프레임 속에서 자란 아이는 원만한 성격으로 자랄 수 없다. 상처로 얼룩질 수밖에 없다. 어쩌면 우리 자녀들도 다른 사람들을 정죄하고 비난하는 사람으로 성장할 수 있다.

아무리 지혜로운 부모라도 자녀를 부모의 레이더망 아래 가둘 수는 없다. 부모가 자녀들을 볼 수 있는 가시거리에는 한계가 있다. 부모가 볼 수 없는 아이들의 일상이 너무 크다. 아이들이 가는 곳마다 어떻게 다 따라다니며 감시할 수 있겠는가? 부모에게는 아이들의 일거수일투족을 단속할 능력이 없다.

그래서 우리 자녀들로 하여금 하나님의 레이더망을 의식하면서 살아갈 수 있도록 훈육해야 한다. 구약의 요셉은 하나님의 레이더망을 의식하며 살았다. '아무도 보이지 않는 곳에서 하는 행동'을 함부로 저지르지 않았다. 어떻게 그런 삶을? 그는 늘 하나님의 임재의식을 갖고 살았다. 어떤 일, 어떤 상황에서도 항상 함께하시는 하나님을 의식하면서 살았다. 그러니 함부로 말할 수도, 함부로 행동할 수도 없었다.

그에게는 '보이는 사람'이 중요한 게 아니었다. '보이지 않는 하나님'이 더 중요했다. 사람에게 잘못을 저지르는 게 문제가 아니었다. 보이지 않는 하나님께 죄를 짓지 않는 것이 더 중요했다. 사람을 의식하지 않고 산다는 게 아니다. 하나님을 의식하기 때문에 사람을 의식할 수밖에 없다. 아니, 하나님을 의식하는 삶에서 사람을 향한 바른 삶이 나오게 된다는 뜻이다.

부모는 자녀들이 보이지 않는 하나님의 눈을 의식하는 신앙을 길러주어야 한다. 아무도 보지 않아도 하나님이 다 보고 계신다는 사실을. 사람을 기쁘게 하는 삶을 살기보다 하나님을 기쁘게 하는 삶을 살도록 훈육해야 한다.

자녀들은 부모가 보지 않는 곳에서 늘 엉뚱한 짓을 하려 든다. 하라고 하는 건 안 하고, 하지 말라고 하는 짓은 종종 저지른다. 그래서 속상할 때가 많다. 자녀들에게 실망할 때가 왜 없겠는가? 그래도 부모는 자녀에게 말해줘야 한다.

"넌 내가 지켜보지 않아도 잘할 거야."

때때로 좀 의심되는 구석이 있어도 자녀를 믿어주어야 한다. 때로는 실망이 되더라도 자녀에 대한 기대를 저버리지 말아야 한다. 좀 더 철들고 성숙하기까지 인내로 기다려주어야 한다. 기다림의 끝에는 항상 행복이 찾아오기 마련이다.

행복한 부부가 행복한 자녀를 만든다. 부부의 삶이 흔들리면 자녀들의 인생도 흔들린다. 오늘날 부부 문제 때문에 가정이 송두리째 흔들리는 게 현실이다. 어디서부터 손을 써야 할지 모를 지경이다. 부부가 갈등하니 자녀들도 상처를 받는다. 부부가 깨어지니 자녀들의 인생 또한 금이 간다. 든든한 울타리가 되어야 할 가정이 가시방석이 되고 있다.

한 번쯤 질문해보자. 나는 깐깐한 부모인가, 아니면 든든한 부모인가? 깐깐한 부모는 자녀와 가까워질 수 없다. 든든한 부모가 되어야 자녀와 친밀해질 수 있다. 깐깐한 부모는 자녀를 변화시킬 수 없다. 든든한 부모가 되어야 자녀를 감동시킬 수 있다. 깐깐한 부모는 늘 지적하고 정죄한다. 든든한 부모는 자녀를 푸근하게 감싸주고 안아준다. 깐깐한 부모는 자녀를 결벽증 환자로 만들 수 있다. 그러나 든든한 부모는 자녀를 여유로운 사람으로 만든다. 자녀는 깐깐한 부모에게서 빠져나가고, 든든한 부모 품으로 파고든다.

C·H·A·P·T·E·R·8

그래도 괜찮아.
다음에 잘하면 되지!

부모라면 자녀가 잘되길 바란다. 성공해서 여유롭게 살길 원한다. “나는 이렇게 살았어도 너희들만은 편하게 살기를 바란다.” 그러다 보니 과욕이 생긴다. 실수해서 고통당하지 않기를 바라고, 실패의 아픔을 경험하지 않기를 바란다.

이미 인생을 살아본 우리는 잘 알고 있다. 그런 인생은 없다는 사실을. 그렇게 살고 싶기는 하지만 그건 허황된 바람일 뿐이라는 사실을. 요셉 역시 광야학교를 거쳐 승리학교를 졸업할 수 있었다. 어쩌면 인생의 정답은 실수와 실패처럼 보인다. 실수와 실패를 통해 정답을 찾아가는 과정이 바로 인생이다.

자! 그렇다면 이제 부모 된 이들이여, 긴 한숨을 들이쉬자! 더 멀리 보고 더 멀리 뛰기 위해. 인생은 롱런이다. 단거리 경주가 아니라

장거리 경주이다. 미시적인 관점에서 인생을 단정짓지 말고 거시적인 안목에서 인생을 논하자. 영원의 관점에서 보면 현재는 하나의 점에 불과하다. 이런 점들이 하나둘 연결되어 만들어지는 게 인생이다. 다 지나간 것 때문에 너무 호들갑을 떨지 말자. 한때의 실수도, 한때의 실패도 좀 더 여유로운 웃음으로 볼 수 있는 안목을 갖자. 그래서 자녀들에게 말하자. "그대로 괜찮아. 다음에 잘하면 되지."

그만하면 잘한 거야.
그것 때문에 기죽지 마

"엉~ 엉~"

어느 집사님의 딸이 통곡하며 울고 있었다. 도대체 왜? 뭐가 그렇게 슬프기에. 어느 해, 노회에서 실시하는 성경고사, 찬양경연대회에 나갔다. 기대 속에서. 그동안 열심히 준비했으니 신나서 출전했다. 대회가 끝나고 집으로 돌아왔다. 그런데 아이가 눈물을 펑펑 흘리면서 엉엉 우는 게다. 엄마는 깜짝 놀랐다. 아이에게서 듣고 보니 생각했던 것보다 성적이 안 나왔다는 것이다. 공부한 것보다 결과가 좋지 않아서 속상해서 울고 있었다.

엄마는 딸의 눈물을 닦아주면서 말했다.

"우리 딸이 너무 속상했구나. 어떻게 해?"

엄마의 말에 아이는 아픈 감정이 더 솟구쳐 올랐다.

"그래, 울고 싶으면 실컷 울어."

엄마는 딸을 가슴에 안고 어깨를 다독거려주었다. 한참을 울던 딸이 울음을 그치자 엄마는 다시 말을 이었다.

"딸, 넌 열심히 한 거야. 그러고 잘한 거고. 하나님이 기뻐하실 거야."

"……."

"성적에 상관없이 넌 잘한 거야. 성경공부를 열심히 해서 하나님을 더 많이 알 수 있었잖아. 얼마나 감사해. 너무 실망하지 말고, 다음에 기회가 오면 더 열심히 해보자. 다음에는 더 잘할 수 있을 거야."

인생은 생각대로 그렇게 쉽게 디자인되는 게 아니다. 계획은 얼마든지 세울 수 있지만 그 계획대로 일이 순조롭게 이뤄지는 건 아니다. 인생에는 생각하지 못한 복병이 너무 많다. 그 복병 때문에 당혹스럽고 힘들 수 있다. 그러나 넘어져서는 안 된다. 아니, 넘어질 수도 있다. 넘어졌다면 잠시 앉았다가 다시 벌떡 일어서면 되니까. 그때 부모는 자녀에게 다시 일어설 수 있는 용기를 불어넣어주어야 한다. 부모는 아이들에게 말해주어야 한다.

"얘야, 걸림돌을 디딤돌로 만들어 가자꾸나."

머리가 좋지 않으면 다른 아이들보다 더 열심히 공부하도록 하면 된다. 가난하면 좀 더 넉넉하게 살기 위해 애써 노력하면 된다.

문제는 걸림돌이 아니라 걸림돌을 디딤돌로 만드는 인생 훈련이 부족한 것이다. 그러기에 부모는 아이들이 걸림돌을 디딤돌로 바꾸는 과정을 익힐 수 있도록 도와주어야 한다.

나는 큰딸이 초등학교에 입학하면서부터 타온 상장을 모아 두었다. 상장을 꽤 많이 탄 편이다. 이런저런 상장을 모았더니 아이도 좋았던 모양이다. 그래서 때때로 상장을 꺼내 보곤 한다. 내가 아이의 상장을 모아둔 이유는 무엇일까? 자신감을 심어주기 위해서였다. 자신에 대한 자부심을 갖도록 하기 위해서였다. 자신을 사랑하는 아이가 되도록 하기 위해서였다. 자존감을 세워주기 위해서였다. 나는 딸아이에게 웃으며 말했다.

"혜린아, 네가 시집갈 때 이거 다 보내줄게."

물론 상장뿐만 아니라 성적표도 모아놓았다. 아이가 학교 다닐 때 성적표를 보면서 성적 관리를 해주곤 했다. 더구나 중 · 고등학교 시절에는 성적 관리를 하는 데 많은 도움이 되기도 했다.

아이들은 자라면서 실패도 한다. 실패를 모른 채 성공하기만 하면 교만해진다. 자기밖에 모른다. 늘 잘났다고 생각하니 다른 사람들을 무시한다. 다른 사람들이 실수하는 것을 받아들이지 못한다. 이런 아이는 혹여 어려움을 당하거나 실패할 때는 그 무게가 너무 무거워서 스스로 포기하게 된다. 도저히 실패한 자신을 용납하지 못한다. 실패의 고통이 너무 힘들어서 견디지 못하고 그냥 주저앉고 만다.

그러기에 실패한 자녀를 기죽일 필요는 없다. 주눅 들도록 세차

게 몰아붙일 이유도 없다. 오히려 이렇게 말해야 한다.

"다 잘할 순 없잖아. 실패한다고 달라지는 건 없어."

실패하는 게 불편하기는 하다. 불쾌하기도 하다. 불리할 수도 있다. 그러나 실패가 인생을 망치게 하는 건 아니다. 실패를 부정적으로 해석하고 받아들이는 태도 때문에 인생을 그르치는 것이다.

"야, 넌 그렇게 연습을 했으면서도 그렇게밖에 못하냐?"

"잘 안 되는 걸 어떻게 해."

"그래도 그렇지. 그렇게 할 바엔 아예 시작도 하지 말았어야지."

"그럼 때려치우면 되잖아. 이젠 안 할 거야!"

이미 일은 꼬였는데, 이렇게 말한다고 달라질 건 없는데 뭘 얻으려고 그러는가? 이렇게 하면 자극을 받을 것이라 생각하는가? 글쎄 그럴까? 경험해보니 그런 건 아니다. 오히려 응원과 격려가 더 필요하다.

자녀가 실패하더라도 여전히 사랑하고 있다는 것을 보여주어야 한다. 실패하더라도 여전히 신뢰하고 있다는 사실을 느끼게 해주어야 한다. 실패한다고 달라질 건 없음을 알게 해주어야 한다. '그래도 나한테는 너밖에 없다' 는 생각을 갖게 해주어야 한다.

자녀가 실패하면 부모와 자녀간의 관계가 힘들어진다. 거리감을 느끼게 된다. 불쾌하고 짜증나는 감정을 숨길 수 없어 서로 상대방에게 쏟아놓기에 점점 더 불편한 관계로 치닫게 된다. 사실 실패가 관계를 서먹하게 만드는 건 아니다. 실패를 불편하게 생각하기에 관계가 서먹해지는 것이다.

실패한다고 우리 자녀가 아닌 게 아니다. 속상한 감정 때문에 한 순간 꼴도 보기 싫다는 생각이 들기도 하지만 여전히 달라지는 건 없다. 그러기에 자녀를 낙심하게 만들고 실족시키지 않으려면 어떤 상황에서도 이렇게 말할 준비를 해야 한다.

"그만하면 잘한 거야. 그것 때문에 기죽지 마!"

이게 다는 아니야. 기회는 또 있어

"아들, 무슨 일 있어? 왜 그렇게 시무룩한데?"

"……."

"대체 뭐 때문에 그러는지 아빠한테 얘기해봐."

"여자친구가 이제 안 만난대."

"그랬구나. 그래서 아들이 속상했구나."

"……."

"여자친구가 왜 그렇게 화났는데?"

"나도 물어봤는데 아무 얘기도 안 했어."

"그래? 아마 화나는 일이 있어 그 당시에는 말하고 싶은 생각이 안 들어서 그럴 거야. 시간이 지나고 속상한 감정이 좀 정리되면 말해줄 거야. 조금만 기다려봐."

"알았어."

"잘못한 게 있으면 변명하지 말고, 시인하며 미안하다고 사과해. 그럼 여자친구도 화를 가라앉힐 거야."

살다 보면 좋았던 관계가 깨질 수 있다. 친했던 사람이 멀어지고 거북해질 때가 있다. 그때 그 순간이 끝이 아님을 알아야 한다. 꼬인 문제는 얼마든지 개선될 수 있다. 꼬인 관계를 풀고자 하는 의지만 있으면 된다.

자녀가 좀 더 크면 더 깊은 이성교제를 나누게 된다. 그리고 사랑의 농도가 짙어지면 '이 사람이 아니면 내 인생이 끝이야' 라고 생각하기도 한다. '더 이상 사랑할 수 없다' 는 극단적인 생각이 찾아오기도 한다.

그런데 우리는 알고 있다. 인생은 마침표가 아니라 쉼표일 뿐이라는 사실을. 우리는 자녀들에게 말해주어야 한다.

"이번이 끝은 아니야. 기회는 아직 남아 있어."

얼마든지 또 다른 만남이 가능하다. '이제 끝이야!' 라는 생각은 병든 생각일 뿐이다. 또 다른 사람을 만날 기회는 늘 기다리고 있다. 또 다른 만남이 가능하다. 또 다른 사랑도 가능하다. 이 사람이 아니면 사랑할 수 없다는 것은 상처 때문에 오는 거짓 메시지일 뿐이다. 거짓 메시지에 희생되지 않도록 도와주어야 한다. 아니, 부모 스스로가 거짓 메시지에 중독되지 말아야 한다.

"딸, 이번 기말고사를 두고 하나님 앞에 기도하자. 특별새벽기도

회 기간이니까 잘됐어.”

“알았어. 나도 기도할게.”

“대신 열심히 노력도 해야지.”

“물론이지!”

엄마와 딸은 하나님 앞에서 간절히 기도했다. 새벽마다 하나님의 도우심을 간구했다. 그런데 이게 어찌 된 일인가? 생각한 대로 만족한 결과가 나오지 않았다. 아니, 전보다 성적이 더 떨어졌다. 낙심되었다. 허무하기도 했다. 엄마는 속상했다. 그런데 딸이 따지면서 말했다.

“엄마, 이게 뭐야! 내가 노력하지 않은 것도 아닌데 왜 이래?”

“글쎄? 하나님이 왜 우리의 소원을 들어주시지 않았을까? 엄마도 속상한데 좀 더 기다려보자.”

“…….”

엄마는 기도하고 열심히 공부했던 아이의 속상한 마음을 받아주어야 한다. 부모도 아이가 수용할 수 있는 해석을 하기가 어려울 것이다. 단지 아이의 마음을 어루만져주는 게 필요하다.

그 후에는 아이의 생각과 관점을 만져줄 필요가 있다. 우리의 뜻과 하나님의 뜻이 다를 수 있음을 알려주어야 한다. 기도는 하나님의 뜻을 찾아가는 과정임을 가르쳐주어야 한다. 하나님은 내 심부름꾼이 아님을 알게 해야 한다. 기도는 하나님과의 교제를 즐기는 것임을 알게 해주어야 한다. 이번이 끝이 아님을 가르쳐주어야 한다.

포기하지 말고 기도할 것도 가르쳐주어야 한다. 내 뜻에 집중하는 것이 아니라 하나님의 뜻에 집중하는 그리스도인이 되어야 함을 가르쳐주어야 한다.

자녀를 기르다 보면 느끼는 게 있다. 실패가 기회라는 사실을. 실패의 순간을 놓치지 말고 하나님의 말씀을 깊이 심어주는 작업을 해야 한다. 그게 가장 실제적인 교육이다. 물론 부모 스스로가 진리를 분별할 수 없다면 아무런 의미가 없다. 그러나 진리를 분별할 줄 알고, 상황을 판단할 줄 아는 부모라면 문제가 생긴 그 상황을 자녀 교육의 현장으로 삼아야 한다.

생각대로 안 되어도 좀 더 인내하는 태도가 필요하다. "힘들어도 조금만 더 힘내"라고 말해주어야 한다. "낙심과 포기가 문제야"라고. "포기하지 않으면 언젠가 환경은 변하게 되어 있다"고. 정문이 아니면 후문도 있음을 가르쳐주어야 한다. 사방이 다 막혀 있어도 하늘 창문은 열려 있다고.

풀이 죽어 있는 아이에게 "기죽지 말고 허리 끈 동여매고 다시 한 번 도전해보자"고 해야 한다. 다시 시작할 용기를 잃은 사람이 문제이다. 다시 시작할 용기만 있다면 세상은 얼마든지 달라질 수 있다. 역사는 다시 시작하는 용기를 가진 사람들에 의해 쓰였다. 그러니 우리 자녀들도 역사의 한 페이지를 쓸 수 있음을 알려주어야 한다. 역사는 다시 시작하는 용기를 가진 사람에 의해 지금도 계속 새로 쓰여지고 있음을 알게 해주어야 한다.

최고가 아니면 어때?
최선을 다하면 되지

"목사님, 전 아이가 셋이었으면 좋겠어요."

어느 가정에 출산심방을 갔을 때 젊은 집사님이 한 말이었다. 순간 깜짝 놀랐다.

'요즘 젊은이 가운데 이런 생각을 갖고 있는 사람도 있구나.'

'이분이 현실을 잘 모르기에 이런 생각을 하는구나. 애들을 가르치는 게 얼마나 힘든데. 돈이 얼마나 많이 드는데. 고민되고 아픈 순간이 얼마나 많은데.'

그런 생각을 하면서도 나는 말했다.

"대단하네요. 나는 의도하지 않게 셋을 낳아 길렀는데, 길러보니까 정말 쉽지 않다는 생각을 많이 했어요. 기도하면서 준비를 잘했으면 좋겠네요."

그런데 지금 생각하면 부끄러운 생각이 든다. 내가 왜 그렇게 말했을까? 더 적극적으로 세 아이를 권장할 것을. 물론 그렇게 권하지 않았어도 지금 그 집사님은 세 아이를 두었지만.

내가 염려를 먼저 한 것은 내가 경험한 힘겨움 때문일 게다. 경제적인 부담감, 아이들과 부딪히는 갈등, 부모 생각처럼 따라주지 않는 아이들. 그러다 보니 세 자녀를 갖는 것을 적극 추천하지 못했다. 그러나 사람들이 다 그런 것은 아닌데, 성경은 생육하고 번성할 것을 가르치는데, 욕심을 버리면 별 문제 없을 수 있는데. 그렇게 생각하니 목사인 내가 부끄럽기 그지없었다.

사실 문제는 일등병, 최고병에 걸린 부모들이다. 95점을 맞아온 아이에게 "왜 100점을 맞지 못했냐"고 질타하는 부모들, SKY를 가야만 직성이 풀리는 부모들, 일류병에 걸린 부모들 때문에 우리 아이들은 자살을 생각하고 있다. 공부에 찌든 아이들이 지금도 인터넷 자살 사이트를 들락날락하고 있음을 알고 있지 않은가!

대부분의 사람들은 '좋은 대학에 진학하면 사회적인 성공으로 이어질 확률이 높고, 그것이 마치 인생의 성공을 결정한다'고 믿는다. 물론 전혀 부인할 수는 없다. 하지만 그렇지 않은 경우도 많다. 더구나 우리가 말하는 성공이 과연 행복으로 연결될까? 우리는 그렇지 않은 사람들을 많이 봐왔다.

그렇다면 아이들을 제대로 키워내는 부모가 되기 위해서는 자녀 교육의 목표부터 수정해야 한다. '성공'이 아니라 '행복, 의미, 가치'가 목표가 되어야 한다. 이것들을 추구하는 삶이 성공한 인생임을 잊지 말아야 한다. 최고를 목표로 삼지 말고 최선을 목표로 정해서 가르쳐야 한다. 그러기 위해서는 먼저 부모부터 과도한 욕심을 버려야 한다.

결과에 너무 연연하지 말고 마지막까지 최선을 다하는 태도가 중요함을 가르쳐야 한다. 만족하지 못한 결과가 나오더라도 나름의 가치를 발견할 수 있도록 해야 한다. 자기만족보다 이타적인 삶을 추구하는 사람이 되도록 지도해야 한다. 움켜잡는 삶보다 서로 나누는 삶의 가치를 심어주어야 한다.

탈무드에서는 첫 번째 친구는 재산이고, 두 번째 친구는 친척이며, 세 번째 친구는 선행이라고 말한다. 사람이 죽는 순간 재물은 그 자리에서 사라지고, 친척은 장례식까지만 동행하며, 선행은 영원히 남는다는 뜻이다.

부모는 아이들에게 '더불어 사는 삶'이 얼마나 중요한지를 심어주어야 한다. 자녀에게 타인에 대한 배려와 봉사정신을 가르쳐야 한다. 물론 말로 가르치기보다 삶으로 가르쳐야 한다. 그러기 위해서는 부모가 먼저 모범을 보여야 한다. 왜? 자녀들은 부모의 등을 보고 배우기 때문에, 즉 부모가 살아가는 모습과 성품을 보면서 아이도 닮아가기 때문에 그렇다.

미국 애즈베리 신학대학원 명예교수인 데이비드 A. 씨맨즈 박사는 자신의 저서 「치유하시는 은혜」라는 책에서 가정을 이렇게 묘사했다.

첫째, 가정은 '자아의 거울'이다(자아 개념). 우리가 우리 자신을 어떻게 보게 되는가를 결정지어주는 가장 중요한 요인은 가정이다. 많은 자녀들이 정서적인 비타민A 결핍증을 앓는다. 비타민A는 수용(Acceptance), 애정(Affection), 인정(Affirmation)을 말한다. 부모는 정서적 비타민이라는 하나님 은혜의 양분을 공급해줌으로써 자녀들이 살맛나게 해주어야 한다.

둘째, 가정이란 우리에게 하나님의 첫 인상을 심어주는 '채광창' 과도 같다(하나님 개념). 하나님과의 첫 느낌을 부모와의 관계를 통해 쌓아가게 된다. 부모 성품의 많은 부분이 하나님의 성품에 대한 우리의 이미지 속에 같이 직조되어 들어간다.

셋째, 가정은 우리가 다른 사람들을 바라보는 '창문' 과도 같다(타인 개념). 우리가 다른 사람들을 바라보는 방식과 다른 사람들이 우리를 어떻게 보리라고 우리가 생각하는 방식을 결정지어주는 데 지대한 역할을 한다.

넷째, 가정은 '세계로 들어가는 문' 이다(현실 개념). 부모가 세상을 어떻게 해석하느냐에 따라 아이들의 인생 경험 양태가 달라진다. 부모는 '하나님의 문지기' 이다. 가정을 드나드는 모든 것은 부모의 해석에 의해 여과된다.

그렇다면 당신의 가정은 어떤가? 부모로서의 당신은 어떤 기능을 감당하고 있는가? 가정은 '추억의 박물관' 이다. 부모는 가정에서 자녀들에게 추억거리를 많이 만들어주어야 한다. 그런데 공동묘지처럼 으스스한 가정을 만드는 부모들도 적지 않다.

오늘날 아름답고 행복해야 할 가정이 '상처와 불행의 온상' 이 되고 있다. 안식을 찾아볼 수 없고 휴식은 사라진 지 이미 오래다. 많은 부모들이 상처를 대물림하고 있다. 잘못된 탯줄을 끊어야 하는데 싫다고 말하면서도 자신도 모르게 반복하고 있다. 얼마나 많은 가정이 에너지 충전소가 아닌 에너지 방전소 기능을 하고 있는가? 가족의 자신감과 에너지를 빼앗아가고 있다. 부모의 말 한마디가 자녀의 자존감을 무너뜨리고 있음을 잊지 말아야 한다.

가정의 행복 비타민으로 빼놓을 수 없는 게 있다. 바로 서로를 향한 칭찬이다. 잘한 것에 대한 칭찬을 아끼지 말아야 한다. 작은 성취에도 칭찬에 인색할 필요가 없다. 칭찬은 또 다른 성공을 불러일으킨다. 별 것 아니라고 생각되어도 과장법을 사용해서라도 칭찬해 보라. 칭찬은 발전과 성장을 낳는 보약이다.

칭찬보다 더 소중한 행복 비타민이 있다. 바로 '격려'이다. 격려는 일을 잘해내지 못하고 문제를 일으켰을 때 필요하다. "괜찮아. 그런 걸 갖고 뭘 그래. 다음에 잘하면 되지 뭐." "공부가 다는 아니야. 너한테는 다른 장점들이 많아." 행복한 가정에는 이렇게 아름다운 말이 있다. 훈훈한 말 한마디, 따뜻한 말 한마디가 흔들리는 가족을 든든히 세워줄 수 있다.

하나님이 계신데 뭘 그래

"형규야, 왜 성적표가 안 와?"

"나도 몰라."

"성적표가 나왔는데 아빠한테 안 보여주는 거지?"

"아니야, 아직 안 나왔어."

"그래? 왜 이렇게 늦게 나올까?"

아들의 대학교 1학기 성적표가 궁금했다. 왜냐하면 실업계 고등학교에서 대학을 들어갔기 때문이다.

아들이 대학에 진학한 걸 우리는 늘 '하나님의 은혜'라고 고백한다. 하나님의 은혜로 대학을 들어갔지만 과연 인문계 출신의 학생들과 함께 공부하는데 어려움이 없었을까? 더구나 문과계열로는 경영학과이니 좀 세지 않은가? 그래서 첫 번째 결과를 보고, 앞으로의 공부를 예측하는 순간이기에 성적표를 많이 기다렸다.

얼마 후에 드디어 성적표가 왔다. 우편함에 있는 것을 내가 먼저 발견했다. 떨리는 순간이었다. 그런데 역시 예상한 대로였다. 성적이 나빴다. 집으로 들어간 나는 아들에게 내밀었다.

"형규야, 역시 힘들긴 힘들구나."

"……."

"그러나 너무 걱정하지 마. 우리에게는 하나님이 계시잖아."

이후에 형규는 더 열심히 공부했다. 1학기 결과를 보고 본인도 충격이 컸던 모양이다. 시험기간이 다가오는데 기독 동아리에서 바쁘게 섬겼다. 사실 걱정되었다. 많은 시간을 빼앗긴다는 생각도 들었다. 그러나 본인이 너무 좋아하고 행복해했기 때문에 바라보고만 있었다. 그래도 열심히 공부하려고 하는 모습이 보였으니까.

그 후 2학기 성적표를 받았다. 생각보다 훨씬 더 좋은 성적이었다. 너무나 기뻤다. 아들을 보고 웃으며 말했다.

"봐, 형규야. 열심히 하니까 얼마든지 되잖아. 하나님이 함께 계시는데 뭐."

형규도 만족스러운 표정이었다. 우리는 다시 한 번 다짐했다.

"다음에는 더 욕심을 부려보자. 안 된다고 하지 말고 노력해보자. 하나님이 우리 편이시니까."

자녀를 양육하다 보면 자녀 때문에 걱정될 때가 한두 번이 아니다. 그때마다 우리는 속상해서 아이에게 악담과 잔소리를 퍼부을 수 있다. 그러다 보니 아이도 상처투성이가 된다. 부모 곁으로 다가가려 하지 않는다. 정서적 거리감이 생긴다. 위험한 사인이다. 아이를 불량아로 만들 징후이다. 속상한 마음을 아이에게 퍼부을 게 아니라 한나처럼 하나님께 쏟아놓아야 한다. 남들이 뭐라 할지라도 하나님의 개입을 기다리면서, 하나님의 도움을 갈망하면서.

그러고선 아이에게 말해야 한다.

"너무 걱정 마. 하나님이 함께하는 넌 얼마든지 잘할 수 있어. 기도하면 되는데 뭘 걱정해. 우리 함께 기도하자. 우리가 널 위해 특별 기도할게. 사방이 닫혀 있어도 하늘은 열려 있잖아."

우리 자녀들에게 속상한 일들이 다가오는가? 그렇다면 마음대로 해석하지 말고 믿음으로 해석해야 한다. 부정적으로 해석하지 말고 긍정적으로 해석해야 한다. 끝이라 말하지 말고 한 번 더 시작하자고 말해주어야 한다.

어느 월요일, 충현교회 권사님에게서 딸을 걱정하는 전화가 왔다. 하나밖에 없는 외동딸이었다. 늦은 나이에 얻은 딸이기에 너무 너무 귀했다. 아이는 의료선교사가 되겠다며 준비하고 있었다. 서울대를 목표로 공부했지만 단국대 의대에 합격했다.

만족하지 못한 딸은 결국 휴학을 했다. 재수를 하겠단다. 첫 번째 모의고사 점수가 너무 낮게 나왔다. 딸은 일주일간 아무것도 하지 않고 집안에서 텔레비전만 보았다. 이러다가 아이가 우울증에 걸리지는 않을까 걱정이 된 권사님은 속상하고 고민이 되어 나에게 전화를 하신 것이다.

부모가 갖는 공통된 바람이 있다. 자식을 잘 기르는 것. 그런데 아무리 몸부림쳐도 한계가 있어 안타깝고 속상하다. 모세의 부모는 모세가 특별한 아이임을 발견하고 죽을 각오로 숨겨서 키웠다. 그러나 3개월이 지나자 더 이상 숨겨 키울 수가 없었다. 결국 갈대상자를 만들어 나일강에 띄워야만 했다. 그때부터는 하나님 앞에 맡길 수밖에 없었다.

부모가 아무리 큰사랑과 관심을 가지고 있을지라도 자식을 잘 기르는 데는 한계가 있다. 그러기에 아이들을 보면서 낙심하지 말고, 오히려 자녀들을 안고서 하나님 앞으로 나아가야 한다. 은혜의 보좌 앞에 걱정 보따리를 풀어놓아야 한다. 때를 따라 돕는 은혜가 있을 것이다. 하나님이 개입하실 여지를 만들어 드려야 한다. 하나님은 땅에서 먹을 것이 나지 않으면 하늘을 열어 공급하시는 좋으신 분이니까.

어느 날, 어떤 엄마가 회사 출근이 늦었다. 그것도 꽤 많이. 평소 그렇지 않은 분인데 왜일까? 나중에 알고 보니 딸아이 때문이었다. 딸이 대학 진학에 실패했다. 마음으로는 문제가 없었다.

"나도 힘들고 속상하지만 그래도 딸이 더 힘들 거야. 그러니 용기를 낼 수 있도록 해줘야지."

그런데 막상 딸아이를 보니 그게 쉽지 않았다. 마음과 몸이 따로 움직였다. 생각과 행동이 따로 놀았다. 자신도 이건 아닌데 하는 생각을 하면서도 쉽지 않았다. 더구나 아이는 전혀 정신을 못 차린 것 같았다. 아니, 자신은 정신을 차렸다고 말하지만 엄마가 볼 때는 전혀 그렇게 느껴지지 않았다. 그래서 밤늦게까지 아이를 붙들고 속상한 마음을 퍼부은 것이다.

그렇다고 어찌하랴! 정신을 차린 부모와는 달리 아이에게는 쉽게 해결될 문제가 아니니. 내일을 볼 줄 아는 부모와는 달리 아이들은 좀처럼 내일을 보지 못하니. 그래서 부모의 복장이 터지는 게 아닌가? 이게 죽음의 문턱에 이를 때까지 해야 하는 씨름이라니….

그래도 실망한 아이를 보고 말해주자. 포기할 수는 없으니까. 실패로 풀이 죽어 있는 아이에게 웃으면서 말해보자.

"하나님이 계신데 뭘 그래?"

아니, 실망과 속상함으로 가슴이 터질 것 같은 당신을 향해 스스로 외쳐보자.

"기도할 수 있는데 왜 실망해?"

C·H·A·P·T·E·R·9

공부도 좋지만, 더 소중한 게 있단다!

"우리나라에는 기독교, 불교, 유교보다 더 강력한 종교가 있다. 이 종교 앞에선 모든 종교가 힘을 잃는다. 이 종교는 다름 아닌 '대학교' 이다."

오랫동안 여러 대학에서 교편을 잡았던 한 교수가 한 말이다. 그의 말에는 뼈가 있다. 대학을 비롯한 각종 입시경쟁에 목숨을 거는 학부모와 학생을 두고 빗댄 말이니까.

나도 그렇지만 요즘 부모들, 정말 한심하다. 아니, 안타깝다. 불쌍하기도 하다. 아이들의 대학 입학에 목맨 인생이다 보니 자신의 행복도, 미래도 다 잊고 살지 않는가? 은퇴준비도, 노후대책도 없이 아이들 대학입시에 매여 무작정 달려가는 폼이라니! 대학을 나온다고 다 해결되는 것도 아닌데, 그래도 거기에 목숨 걸고 있다.

그래서 요즘 엄마들은 아이들에게 이렇게 말한다고 한다.

"너는 공부하렴. 기도는 엄마가 대신 할게."

'오죽하면 이렇게 말할까' 하는 동정심도 든다. 그러나 중요한 걸 놓치고 있는 건 아닐까 우려된다. 우선순위가 혼돈되어 있다. 어떤 시대, 어떤 상황이라도 바른길은 있다. 오늘날 기업체들이 '정도 경영' 을 부르짖는 시대에 부모가 자녀에게 '정도 인생' '정도 믿음' 을 가르쳐야 하지 않겠는가?

세상이 어떻게 변할지라도 신앙을 가진 부모라면 마땅히 이렇게 말해야 하는 건 아닐까?

"열심히 공부하자. 그러나 하나님께 기도하는 것도 잊지 말자! 나도 빡세게 기도할게."

공부도 중요하지만 더 소중한 게 있어

교사 단기대학을 하고 있었다. 그런데 한 아이가 전도사님과 대화를 나누면서 눈물을 흘리고 있었다.

"왜 그래?"

"……."

"혹시 시험결과가 좋지 않게 나왔어?"

"예~"

"어떻게 됐는데?"

"예비 3번, 5번이에요."

"그럼 가능성도 있겠네."

"아니에요. 한 명밖에 뽑지 않아서 어려워요."

"그래? 너무 속상하겠구나."

악기를 전공하는 학생이었다. 엄마로부턴 시험점수가 그런대로 나온 편이라는 말을 들었다. 그런데 한 명을 뽑는 터라 상당히 어려웠다. 너무 속상해서 눈물을 감추질 못했다.

"그놈의 공부란 게 뭔지, 너희들을 이렇게 아프게 하는구나."

학교 공부에 승부를 거는 나라, 그것 때문에 국가경쟁력이 높아진 건 사실이다. 그러나 그로 말미암은 폐해 또한 적지 않다. 어디서부터 손을 대야 할지 막막한 지경이다.

어느 주일 아침, 한 가정에서 아이가 침대에서 미적거리고 있었다. 다가오는 시험공부를 하느라 지친 모양이었다. 엄마는 여느 때처럼 "교회 가라"고 깨웠다. 그러자 아이가 따지듯이 엄마에게 물었다.

"시험기간에 교회 갔다가 성적 떨어지면 엄마가 책임질 수 있어?"

많은 아이나 부모들이 세속적인 흐름에 표류하고 있다. 공부를 잘해서 일류 대학에 입학하고, 좋은 직장에 취업하는 게 행복이라고 생각한다. 그런데 이것들이 자칫 잘못하면 신앙생활에 독이 될 수도 있다.

많은 아이들이 공부에 매여 하나님으로부터 멀어지고, 대학 입학 때문에 신앙생활을 뒷전으로 한다. 좋은 직장에 취업하면 일에 매여 하나님을 저버리고 살아간다. 육신에 매여 영적인 삶을 포기한 채. 이게 독이 아니고 무엇인가?

어느 교회 중등부 찬양대 지휘를 하는 권사님이 계셨다. 그런데 그분은 시험기간 때마다 가슴이 철렁 내려앉는다고 한다. 왜? 시험기간이 되면 오전 9시 예배에 참석하는 학생 수가 현저히 줄어들기 때문이었다. 시험기간이 아닌 때에 비해 절반 이상의 학생이 예배에 나오지 않는다. 교회학교 교사가 결석한 학생의 부모님에게 전화하면 이구동성으로 대답한다.

"선생님, 죄송해요. 이번 주까지만 빠질게요. 시험기간이라서."

문제는 이렇게 답하는 이들 대부분이 교회 성도라는 점이다. 그래서 권사님은 한탄한다.

"시험 때만 되면 학원이 교회학교 학생을 싹쓸이 해간다 해도 과언이 아니에요. 필요에 따라 예배를 빠지는 학생들이 커서 어떻게 청년부, 장년부에 갈지 우려스러워요."

공부가 중요하지 않다는 게 아니다. 학생이면 당연히 공부에 집중해야 한다. 학창 시절에 본연의 임무인 공부에 집중했던 사람들과 그렇지 않고 공부를 등한시했던 사람들을 비교해보면 분명히 공부에 집중했던 사람들이 더 나은 삶을 누리고 있다.

그러나 '공부 = 멋진 삶'이라고 공식화할 수는 없다. 열심히 공부해서 잘되었다고 다 행복한 건 아니다. 공부를 좀 못했다고 해서 다 불행한 것도 아니다. 공부를 잘해서 출세했다 할지라도 그걸 잘 사는 인생이라 단정지을 수 없다. 출세하고 돈 많은 사람들이 잘 살지 못하는 현실을 직시하고 있으니까.

공부에 대한 집착으로 아이들의 정서와 신앙을 헤쳐서는 안 된다. 공부보다 더 중요한 것은 그들의 인격과 성품이다. '든 사람' 이나 '난 사람' 보다 더 중요한 건 '된 사람' 이다. 머리만 컸지 가슴이 사라진 사람들이 얼마나 많은가? 지식만 가득 찼지 인간됨이 사라진 사람들이 얼마나 많은가? 공부를 잘하는 아이를 만들려고 하기 전에 착한 심성을 가진 아이가 되도록 지도해야 한다. 그러기에 부모는 아이들에게 가르쳐주어야 한다.

"공부도 중요하지만 더 소중한 게 있단다!"

공부가 중요하지만 그게 다는 아니다. 가치관이 바로 서야 한다. 성공주의, 출세지향주의가 윤리를 저버려서는 안 된다. 일등도 좋지만 이등이나 꼴등도 필요하다. 주인공도 있어야 하지만 엑스트라도 소중함을 알아야 한다. 결과도 좋아야 하지만 과정도 중요하다. 결과 지상주의자는 과정을 무시하려 든다. 그러다 보니 개같이 벌어 정승같이 쓰자는 말이 나온 것이다. 그래서는 안 된다. 아무리 좋은 곳에 쓴다고 해도 하나님은 아무렇게나 번 돈을 기뻐하지 않으신다. 그러기에 부모는 아이들에게 건전하고 바른 가치관을 심어주어야 한다.

아무리 공부를 잘해도 건강을 잃으면 무슨 소용이 있겠는가? 명석한 두뇌도 중요하지만 몸을 건강하게 잘 챙겨야 한다. 돈 때문에 건강을 돌보지 않는 부모들도 있다. 사실은 가족을 사랑하지 않는 것이다. 부모가 없는 자녀들을 상상해보라. 무책임한 일이다. 자녀들은 돈보다 부모의 존재 자체가 더 소중하다.

공부 때문에 친구를 저버리는 아이들이 늘어난다. 공부 때문에 친구들을 무시하는 아이들도 있다. 자기 공부만 생각하면서 친구들과 함께 지식을 공유하려 하지 않는다. 지적소유권도 중요하지만 지적소유를 함께 공유할 수 있는 아이가 되면 어떨까? 자신이 살기 위해 친구를 죽일 수도 있고, 우정을 저버릴 수도 있는 아이라면 그것은 분명 심리적으로 병들어 있는 것이다.

공부가 아무리 중요하다고 하지만 영적인 문제를 포기할 수는 없다. 어떤 사람들은 말한다. "나중에 열심히 다니면 되지." 그러나 지금 주님과 바른 관계를 맺지 않으면서 '나중에'라고 말해서는 안 된다. 나중은 보장된 시간이 아니다. 누가 자기 마음을 믿을 수 있단 말인가? 내일의 자신은 누구도 장담할 수 없다. 주님은 과거의 관계나 미래의 관계를 요구하지 않으신다. 매일 매 순간 하나님과 바른 관계 안에 머물기를 원하신다.

부모 된 자들이여, 자녀들에게 말해주라. 그리고 이런 정신을 갖고 자녀들을 훈육하라.

"공부도 중요하지만, 더 소중한 게 있단다!"

어떤 경우에도 경계선은 지켜야지

"형규야, 제대로 공부를 안 해서 문제를 모를 때는 어떻게 해야 하니?"

"아는 대로 쓰고 나와야지."

"옆에 있는 친구 답안지를 볼 수 있는 상황이라면 어때?"

"그래도 하면 안 되지."

"너무 답답하니까 커닝 페이퍼를 준비할 수도 있잖아."

"그건 아니지."

"그래 맞아. 차라리 백지를 내더라도 부정행위를 해서는 안 돼."

경계선이 희미해지다 보니 개념 없는 아이들이 난무하는 시대이다. 윤리적인 경계선이 흐지부지해진다. 학교에서도 대학입시 위주로 교육하다 보니 윤리, 도덕과목은 터부시되고 있다. 이런 사회가 되니 배운 놈들이 더하다는 말이 맞다. 지능범들이 늘어난다. 기술적으로 나쁜 짓을 저지른다. 이런 사회를 미연에 방지하기 위해서는 아이들에게 명확한 경계선을 그어주어야 한다.

"시험을 잘 치는 것도 중요하지만 커닝은 절대로 안 돼!"

요즘 젊은이들의 윤리의식을 보면 걱정스럽다. 계약결혼이 무슨 말인가? 돈을 아끼느라 남녀가 동거를 하다니 말이 되는가? 혼전 성관계에 대해서는 별 감각이 없다. 혼전 순결을 이야기하면 호랑이 담배 피던 시절의 고리타분한 이야기란다.

요즘 학교나 교회에서 순결서약을 하는 경우가 있다. 좀 더 사회 저변으로 확대 되었으면 한다. 가정에서 부모가 순결교육을 시켜야 한다. 그러기 위해서는 부모부터 순결한 삶을 살아야 한다.

웃고 넘어갈 이야기가 있다. 강남아줌마 장애등급이 있다고 한다. 외제차가 없으면 장애 4등급, 자식을 유학 보내지 않으면 장애 3등급, 애인이 없으면 장애 2등급, 애인 사귀다가 남편에게 들켜서 얻어맞으면 진짜 장애 1등급.

더 우스운 이야기도 있다. 30대에 애인이 없으면 2급 장애, 40대에 애인이 없으면 1급 장애, 50대에 애인이 있으면 가문에 영광, 60대에 애인이 있으면 조상의 은덕, 70대에 애인이 있으면 신의 은총이란다.

오늘날 어른이든 아이든 간에 순결의 경계선을 명확히 해야 한다. 등록금을 마련하기 위해 원조교제를 할 수 있는가? 용돈을 마련하기 위해, 유흥비를 마련하기 위해 채팅하는 아이들이 있다. 집을 나와서 갈 곳이 없어 집 나온 아이들끼리 그룹 혼숙을 하기도 한다. 정말 무서운 시대이다.

부모는 아이들이 어려서부터 경계선을 분명히 가르쳐야 한다.

"아무리 속상해도 그렇게 하면 안 되지."

"내가 하고 싶은 대로 다 하면서 살 순 없어."

"아무리 하고 싶어도 안 되는 건 안 되는 거야."

"네가 생떼를 써도 이건 안 돼."

아이들은 되는 것과 안 되는 것을 알아야 한다. 땅에 뒹굴고 떼를 써서 창피하다고 아이들이 요구하는 것을 다 들어주다 보면 나중에는 경계선이 없는 아이로 자라게 된다. 인생에는 선긋기가 분명해야 한다.

예전과는 달리 주일성수 개념이 무너지고 있다. 그러다 보니 신앙의 회색지대가 너무 많다. 상황에 따라 적절하게 대처한다. 그걸 지혜로운 신앙이라고 말한다. 그러나 심각하게 질문해봐야 한다. 혹시 타협은 아닌지, 혹시 혼합주의는 아닌지. 복음의 상황화 때문에 진리의 순수성이 지나치게 무너지는 시대가 아닌가? 이런 때에 아이들에게 믿음의 경계선을 분명히 가르쳐줄 필요가 있다.

부모들이 명심해야 할 게 있다. 허용만이 사랑은 아니다. 용납만이 사랑은 아니다. 공의가 필요하고 정의가 서야 한다. 하나님은 십자가에서 사랑과 공의를 함께 보여주셨다. 징계도 사랑이고 엄함도 사랑이다. 부드러운 사랑만이 다는 아니다. 때로는 책망하는 사랑도 필요하다.

요즘 학생들에게 '왕따문화'는 어른들이 생각하는 것보다 훨씬 더 심각하다. 그리고 왕따문화의 진화도 변화무쌍하다. '스마트폰 왕따'라는 게 있다. 스마트폰을 이용한 따돌림이다. 초중고생 10명 가운데 한 명은 이른바 스마트폰 왕따를 경험한 적이 있다고 말한다.

스마트폰 왕따란 친구들 사이에 그룹 채팅을 하면서 유독 한 학생만 대화에 끼워주지 않고 따돌리는 형태이다. 그런가 하면 친구를 그룹 채팅에 초대해서 욕설과 험담을 퍼붓기도 한다. 피해자가 채팅방에서 나가면 계속 초대해서 괴롭히는 행태이다. 이 스마트폰 왕따를 견디다 못해 스스로 목숨을 끊는 아이들도 있다.

은근히 따돌리는 것을 '은따' 라 하고, 전교에서 따돌리는 것을 '전따' 라고 한다. 이렇게 따돌림을 당하는 아이들은 부모님에게 털어놓는 것을 꺼린다. 왜냐고? 부모님에게 자신의 못난 모습을 보여주고 싶지 않기 때문에. 부모님이 걱정하고 괴로워하는 것을 차마 볼 수 없기에. 부모님에게 알리면 마마보이라고 더 괴롭힘을 당하기 때문에. 심지어 보복에 대한 두려움도 떨쳐버릴 수 없다고 한다. 그러니 혼자 괴로워해야 하는 아이들이 얼마나 불쌍한가?

이런 왕따문화를 어떻게 극복할 수 있을까? 학생들이 선호하는 해결방법이 있다. 첫째, 친구들과 친밀해지려고 노력한다. 둘째, 경찰에 신고한다. 셋째, 선생님께 알려서 도움을 요청한다. 넷째, 부모님께 도움을 요청한다. 다섯째, 전학가거나 이사를 한다.

사실 왕따문화는 한두 사람의 노력만으로 해소될 문제는 아니다. 학교당국에서 더 적극적인 대책마련이 시급하고, 정부에서도 강도 높은 대책을 내놓아야 한다. 그리고 부모들이 팔을 걷어붙이고 나서야 한다. 피해자 부모나 가해자 부모나 좀 더 거시적인 차원에서 함께 접근할 필요가 있다.

아무리 궁지에 몰려도 마음만은 지켰으면 좋겠어

"아빠 지갑에 자주 돈이 비어. 어떻게 된 거야?"

"난 몰라."

"그럼, 너는?"

"나도 몰라."

"그럼 누가 아빠 지갑에 손을 댔단 말이야? 엄마가 그랬을까? 도둑놈이 그랬나?"

"우린 모르는데 왜 우리한테 그래?"

"말이 안 되잖아. 분명히 지갑에 있는 돈이 없어졌는데. 그것도 한두 번이 아닌데."

"아빠가 착각하는 것일 수도 있잖아?"

"그럴 수도 있지만 이번에는 내가 돈을 세어놓았기 때문에 절대로 착각이 아니야."

어떤 아빠가 자신의 지갑에서 돈이 자꾸 없어지는 걸 발견했다. 그래서 몇 번이나 돈을 세면서 단단히 확인 작업을 했다. 혹시 죄 없는 아이들에게 뒤집어씌울까봐 확인하고 또 확인했던 것이다. 그런 후 고민하다가 아이들의 잘못된 습관을 고쳐야겠다는 생각에 모아놓고 물었던 것이다.

아이들은 절대 그런 일이 없다고 딱 잡아뗐다. 그러나 범인은 아이들 가운데 있는 게 분명하지 않은가?

"그렇다면 할 수 없다. 너희들이 시인할 때까지 아빠가 매를 들어야겠다."

바늘도둑이 소도둑 된다고 이번에는 고쳐놓아야 할 것 같아서 아이들이 시인할 때까지 매질을 했다. 결국 한 아이가 토설했다. 용돈이 다 떨어져서 지갑에서 꺼냈다는 것이다. 화가 난 아빠는 아이에게 말했다.

"네가 어떻게 이럴 수가 있어? 아무리 궁해도 그렇지. 용돈이 더 필요하면 아빠한테 말했어야지. 이게 말이나 되는 소리야!"

"잘못했어. 다시는 그러지 않을게."

"아니야. 넌 내 자식도 아니야. 난 남의 것을 도둑질하는 놈을 자식으로 둔 적이 없어. 차라리 이 집에서 나가! 네 마음대로 살아!"

"잘못했어요. 다시는 그러지 않을게요. 약속해요."

"아니야, 넌 한두 번이 아니었어. 그리고 그렇게 딱 잡아떼더니 이게 뭐야?"

아빠는 용서를 구하는 아이의 손을 끌고 집 밖으로 내몰았다. 그리고 문을 잠가버렸다. 생각할수록 참을 수가 없었다.

"자기가 한 짓인데, 어떻게 그렇게 아니라고 잡아뗄 수 있어? 도저히 용서할 수 없어."

오죽했으면 아빠 지갑에 손을 댔을까? 그러나 아무리 궁해도 도둑질은 하지 말아야 한다. 힘든 상황이라고 경계선을 마음대로 들락날락한다면 그는 개념 없는 아이가 되고 말 것이다. 옳고 그름은 분명히 분별해야 한다.

오죽했으면 사랑하는 자식에게 매를 들 생각을 했을까? 매를 대야만 하는 아빠의 마음을 백번 공감할 듯하다. 오죽했으면 아이를 집 밖으로 내몰았을까? 얼마나 속상했으면 도저히 용서할 수 없다고 했을까? 그러나 다시 한 번 마음을 추스르는 게 필요하다. 어른인 아빠가 마음을 지킬 수 있어야 하지 않겠는가? 궁지에 몰릴수록, 화가 치밀수록, 감정이 상할수록 마음을 지키는 게 중요하다.

지혜의 왕 솔로몬은 오고 가는 인생들에게 당부했다. "모든 지킬 만한 것 중에 더욱 네 마음을 지키라. 생명의 근원이 이에서 남이니라"(잠 4:23). 마음은 인간 품성의 핵심이다. 생각과 말과 모든 행동이 마음에서부터 나온다. 그러기에 파수꾼이 초소를 지키듯 사람은 마땅히 자신의 마음을 견고하게 지켜야 한다.

사람이 살다 보면 때때로 궁지에 몰릴 경우가 있다. 궁지에 몰리면 마음이 힘들어진다. 답답하고 속상해진다. 마음이 복잡하다 보면 이런저런 온갖 잡생각이 떠오른다. 그러다 보면 말이 거칠어지고 막말까지 나오게 된다. 이런 때는 차라리 아무 말도 하지 않는 편이 더 나을 수 있다. 말을 하면 오히려 더 불편해지니까. 일이 더 복잡하게 꼬일 수 있으니까. 차라리 침묵하면서 생각을 정리해보고 감정도 추스르는 게 낫다.

어떤 엄마의 부끄러운 고백이다. 월요일 아침이었다. 아들이 헌혈 동의서를 내보이면서 '사인해 달라' 고 했다. 어제 저녁에 엄마는 샤워를 하고 나온 아이의 등에 물기를 닦아주면서 안쓰러워하며 말했다.

"아들, 왜 이렇게 비쩍 말랐어? 올 겨울에는 키도 안 큰 것 같네. 5월쯤에는 보약 좀 먹어야겠다."

그런데 헌혈이라니? 엄마는 정색하며 말했다.

"아들, 헌혈하지 마!"

그러면서도 한편으론 걱정이 되었다.

'행여 다른 아이들은 헌혈을 하고 있는데 자기 아이가 주눅 들지 않을까? 헌혈을 하지 않아서 내신 성적에 감점이 되지는 않을까?'

여러 생각에 마음이 복잡해졌다. 그러나 결국 엄마는 아이에게 거짓말을 가르쳤다. "선생님이 물으시면 '아침에 감기약 먹었다' 고 하고 헌혈하지 마!"

엄마는 그렇게 아들의 등을 떠밀어 학교로 보냈다. 아이를 학교에 보낸 후 아침 경건의 시간에 묵상했던 하나님의 말씀이 잊히지 않았다. "마음을 감찰하시는 하나님!"(롬 8:26-28 참조). '그분은 나의 마음을 다 알고 계신데 어쩌자고 아들에게 거짓말을 가르쳤단 말인가? 헌혈을 권장해야 할 어미가 헌혈을 만류했으니, 그것도 거짓말을 가르치면서까지 헌혈을 회피하도록 했단 말인가?'

엄마는 부끄러운 자신을 감출 수 없어 탄식했다.

"마음을 감찰하시는 하나님, 이 어미의 마음을 어찌해야…."

부모는 아이들에게 마땅히 걸어가야 할 길을 가르쳐야 한다.

그리고 또 하나 명확히 가르쳐줄 게 있다.

"아무리 궁지에 몰려도 마음은 지켰으면 좋겠어!"

그런데 아이들에게 가르치기 전에 먼저 부모부터 다짐해야 한다. 아무리 궁지에 몰려도 마음만은 지키기로.

어떤 경우라도 대화를 통해 풀어가야 돼

오래 전의 일이다. 어느 날 저녁 10시 반 경이었다. 나는 늦게 귀가하는 혜린이를 데려오기 위해 학원으로 갔다. 그날은 늘 함께 오던 친구는 없고, 뭔가 불평으로 가득 차 있었다. 그래서 물었다.

"혜린아, 인숙이는?"

"공부하고 온다고 독서실로 갔어."

"왜 같이 가서 공부하고 오지 그랬어?"

"몰라. 짜증나!"

차를 타고 오면서 조심스레 말을 걸었다.

"왜 불편한 관계가 되었는데?"

"……."

혜린이는 대답이 없었다. 그만큼 속이 상한다는 뜻이었다. 말하기도 싫다는 거겠지.

"혜린아, 그래도 네가 넓은 마음을 가져야지. 친구끼리 서로 마음이 맞지 않을 수도 있지만 그래도 사이좋게 지내야 하지 않을까?"

나는 뾰로통하게 집으로 돌아온 혜린이 방으로 들어갔다. 그리고 혜린이에게 물었다.

"혜린아, 무슨 일이 있었는데 그렇게 속이 상했어?"

이야기는 이랬다. 선생님이 인숙이에게 핫도그를 사오라고 시켰다. 인숙이는 핫도그를 사주고 자기 것을 챙긴 후 공부는 하지 않고 가버렸다. 그러자 선생님이 "못됐다"고 화를 냈다. 이 사실을 안 인숙이가 자기에게 화풀이를 했다는 것이다. 그래서 혜린이가 불평했다.

"나는 아무 잘못도 없는데 왜 나에게 화를 내."

그래서 나는 자세히 설명해주었다.

"우리 딸이 화가 날만하다. 많이 속상했겠다."

"……."

"그런데 혜린아, 인숙이는 너에게 화를 낸 것이 아닐 거야. 선생님에 대한 화를 너에게 투사한 것일 뿐이야. 그리고 너 때문에 인숙이가 남아 있었으니까, 사실 너도 미안한 게 아니겠어? 그러니 네가 '나를 기다리다가 네가 곤란하게 되어서 미안하다' 고 문자를 보내면 좋겠어."

아빠가 하는 말이 무슨 뜻인지 알아 챈 혜린이는 "알겠어"라고 대답했다. 그러고는 이내 기분이 풀린 듯했다. 고민거리가 다 해결된 것이다.

"거봐. 알고 보면 큰 문제가 아니잖아. 혜린아, 앞으로 어떤 문제가 생길지라도 서로 대화를 나누면서 풀어가야 돼! 불통이 문제이거든."

언젠가 기독교윤리실천운동의 건강가정 운동본부에서 '건강 가정 6가지 공통점' 을 발표했다.

하나. 서로 행복과 복지에 관심을 보인다.

둘. 가족 간에 격려와 지지를 아끼지 않는다.

셋. 의사소통을 원활히 한다.

넷. 함께 활동하는 시간이 많다.

다섯. 각자의 역할에 충실한다.

여섯. 위기 상황에서는 서로 힘을 합쳐서 잘 처리해 나간다.

가정문제는 갈등의 유무가 아니다. 갈등을 안고 있으면서도 대화를 나누지 못하는 것이 진짜 문제이다. 아무리 갈등이 일어날지라도 대화를 나누어 풀게 되면 별 문제가 안 된다. 문제는 대화를 나누지 않고 대화의 창문을 꽉 닫아버리는 데 있다.

한때 박근혜 대통령 탄핵을 둘러싼 시대적인 배경에서 '소통' 이라는 단어가 화두가 되었다. 소통하는 사회, 소통하는 정치, 소통하는 공동체를 만들자고 부르짖었다. 사실 불통은 고통을 가져온다. 더 큰 문제로 불거지게 만든다. 더 큰 오해와 불신을 조장한다. 그래서 건강한 공동체를 위해서는 반드시 원활한 소통을 이루어야 한다.

소통을 원활하게 하기 위해서는 서로의 마음을 열어야 한다. 서로의 이야기를 들어주어야 한다. 자기 마음에 있는 이야기를 지혜롭고 기술적으로 꺼내야 한다. 요즘 몇몇 정치인들처럼 독을 머금은 말을 하면 아무리 많은 말을 할지라도 소통이 안 된다.

한 지붕 아래에서 함께 살아가지만 안 통해서 속 터지는 부부가 한둘이 아니다. 부부가 서로 안 통하다 보면 머리 아픈 남편, 가슴 아픈 아내가 된다. 말이 통해야 함께 살지. 부부가 잘 통해서 행복한 부부로 살아야 한다. 그래야 자녀들도 부모의 삶을 통해 소통을 배울 게 아닌가?

살아가면서 많이 경험하는 일이지만 자기 생각과 맞지 않을 때는 참으로 힘들다. 아이들은 말한다.

"엄마 아빠하고는 도대체 말이 안 통해!"

그런데 바꾸어 말하면 부모도 마찬가지다.

"너희들 하고는 도무지 말이 안 통해서 죽겠어!"

서로의 입장을 조금만 이해하려 했으면 좋겠다. 부모는 자녀의 입장을 이해하려 들고, 아이들은 부모의 마음을 헤아릴 수 있었으면 좋겠다. 내 눈높이에서 고집하지 말고 상대방의 눈높이로 조정해야 한다. 자기 입장과 생각만 고집하지 말고 상대방의 입장과 생각을 헤아리는 넓은 마음이 필요하다.

때때로 부모의 말을 알아듣지 못하는 아이들을 볼 때면 속이 터지고 억장이 무너진다. 엉뚱한 행동을 해서 문제를 일으키는 아이들을 생각하면 화가 치미는 게 당연하다. 고생하는 부모 생각은 전혀 할 줄 모르는 녀석들을 생각하면 분노가 치밀어 오를 때가 한두 번이 아니다. 그런데 어찌하랴? 그래도 내 자식인 걸.

그럴지라도 아이들과 대화를 나누고 소통하려는 자세가 중요하다. 부모가 마음 문을 닫고 입을 닫아버리면 아이들이 어떻게 감당할 수 있겠는가? 부모가 먼저 다가가서 풀어야지 아이들이 먼저 다가와서 풀기를 바랄 수는 없지 않은가? '제 놈이 잘못했으니까 당연히 제 놈이 먼저 와서 빌고 용서를 구해야지' 라고 생각할지 모른다. 그런 자녀를 두었다면 정말 행복한 부모이다. 그러나 대부분의 아이들은 그렇게 하지 못한다. 세상을 더 산 부모가 다가가서 소통해야 한다. 어쩌랴. 부모인 걸.

부모라면 아이들에게 마땅히 가르쳐야 한다. "어떤 경우라도 대화를 통해 풀어가야 돼!"라고. 그러나 그렇게 가르치기 전에 부모부터 실천해야 하지 않을까? 어떤 경우라도 대화를 통해 풀어나가는 것을.

에필로그

지금까지 우리 아이들을 양육하면서 경험한 이야기들을 나눠보았다. 잘 키웠다는 건 아니다. 이렇게 해야 한다고 정답을 제시하고자 하는 것도 아니다. 사실 지금도 진행 중이다. 자신도 없다. 지금까지도 그렇게 해왔지만 앞으로도 또다시 시행착오를 겪을지 모른다.

그러나 내가 걸어왔던 부부의 삶이나 자녀 양육의 길에서 분명한 건 있다. 하나님 말씀의 법 안에서 길을 찾으려는 노력, 대화를 통해 소통하려는 시도, 우리를 향한 하나님의 마음에서 길을 찾으려는 몸부림, 거기서 하나님의 뜻과 하나님이 설계하신 그림을 찾아내는 것이다. 그렇게 살아온 삶을 함께 나누어 보았다.

이 책은 문제가 있을 때마다, 힘겨울 때마다 하나님 앞에서 몸부

립치고 기도하면서 주셨던 마음, 발견했던 성경의 로드맵을 따라 살아가 보려고 했던 결정체이다. 사실 지금도 길을 몰라서 하나님 앞에 묻고 있다. 성경에서 답을 찾으려고 애쓴다. 하나님이 주신 열매를 사랑하는 따뜻한 마음을 갖고.

어느 날 새벽기도를 마치고 집에 가서 호주에 있는 혜린이에게 카톡을 했다.

"사랑하는 딸아~~

아빠가 많이 보고 싶네ㅎㅎ

새벽에 기도하면서 눈물을 흘렸다.

주님이 우리 귀한 딸 많이 사랑해 달라고^^

오늘도 즐겁고 행복하게 살아가자~

사랑한다~~ 예쁜 딸. ♡"

목요일 심방 중에 혜린이에게서 카톡이 왔다.

"오늘 일간 곳에 사장님네도 교회에 다니시고, 같이 일하시는 분중에 사모님도 계셔서 나 되게 잘 챙겨주셔. 주일에 교회에 가야 된다고 했더니, 원래 1시까지 일하는 거였는데 예배드리라고 9시 반까지만 하고 교회 가래ㅋㅋㅋ"

"그랬구나. 잘 됐다^^

우선순위 놓치지 말았으면 좋겠다~~

딸이 알아서 잘하리라 믿지만….

사장님이 그렇게 배려해주시니까 더 성실하게 일하고,

다른 사람들에게도 미안한 마음 표현하고,

더 도와드리면서 일해라^^

아빠가 기도할게. 사랑한다. 귀한 딸. ♡"

"응~ 고마워~~ 그리고 울지 마! ㅋㅋ"

"알았어."

아빠와 아이들이 추구하는 삶과 생활 방식이 참 많이 다르다. 때로는 '이건 아닌데' 하는 생각이 들 때도 있다. 그래도 아이들의 삶 자체를 존중해주려고 한다. 자신들이 추구하고 원하는 삶을 인정해주려고 한다. 가고 싶은 길, 하고 싶은 일, 원하는 삶을 하나님의 인도하심을 따라 찾아가도록 지지해주려고 한다. 부단한 대화를 나누면서. 부모의 욕심이 아이들의 마음밭과 인생길을 망치는 경우를 많이 보았으니까.

지쳐 있는 아이들을 응원해준다. 불안해하는 아이들을 격려하고 위로해준다. 자신감이 떨어질 때 아빠가 곁에 있음도, 주님이 늘 함께하심도 인식시켜주려고 애쓴다. 부모의 눈과 인생의 통찰력으로 볼 때 뭔가 석연치 않고 마음에 들지 않을 때도 아이들을 믿어주려고 한다. 때로는 조언과 코칭을 아끼지는 않지만 그게 잔소리가 되지 않으려 애쓰면서.

부모는 아낌없이 주는 나무와 같다. 예수님이 우리를 위해 그렇게 하셨듯이 끝없이 퍼주어도 부족하다. 목이 터져라 응원가를 부르며 격려해도 아직도 부족하다. 온 마음과 정성을 다해 양육한다고 하는데도 여전히 부족하다. 그래서 자신에게 실망할 때도 적지 않다.

그런데 세월이 흐르니 그런 아빠의 마음을 세 아이가 아는 것 같다. 눈치 채고 아빠의 마음도 헤아려주려고 하는 것 같다. 앞으로 살아갈 세월도 그렇게 아이들과 행복한 동행을 하련다. 사람들이 추구하는 세상적인 멋진 삶 때문에 부모와 자녀가 가질 친밀함을 저버리지 않고서.

■ 나의 신앙 고백 1

부모의 역할 또한 하나님이 내려주신 또 다른 소명입니다.
그렇다면 또 다른 소명자로서 부모인 내가 긍정적으로
바라봐야 할 것 중 가장 중요한 것이 무엇이라고 생각합니까?

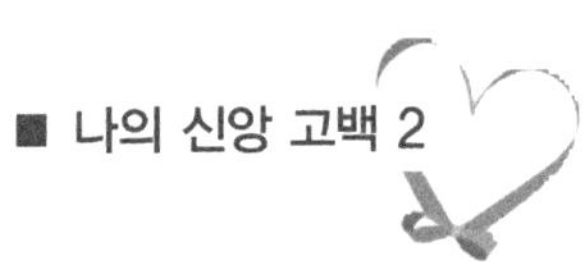

■ 나의 신앙 고백 2

부모의 역할 또한 하나님이 내려주신 또 다른 소명입니다.
그렇다면 또 다른 소명자로서 부모인 내가 긍정적으로
바라봐야 할 것 중 가장 중요한 것이 무엇이라고 생각합니까?